O Marquês

"A religião é amor e fraternidade e não credos e dogmas teológicos. Quando em vosso coração nascerem a simpatia e o amor por vossos irmãos, atingistes a mais alta expressão da religião, qualquer que seja o nome que lhe derdes."

Mirza Ahmad Sohrad

O Marquês

Alexandre Luiz Rampin

INSTITUTO DE DIFUSÃO ESPÍRITA
Av. Otto Barreto, 1067 - Caixa Postal 110
CEP 13602-970 - Araras - SP - Brasil
Fone (19) 3541-0077 - Fax (19) 3541-0966
C.G.C. (MF) 44.220.101/0001-43
Inscrição Estadual 182.010.405.118

IDE EDITORA É APENAS UM NOME FANTASIA UTILIZADO PELO INSTITUTO DE DIFUSÃO ESPÍRITA, O QUAL DETÉM OS DIREITOS AUTORAIS DESTA OBRA.

www.ide.org.br
info@ide.org.br
vendas@ide.org.br

Capa:

CÉSAR FRANÇA DE OLIVEIRA

Ilustração da capa:

John, Marquês de Monthermer,
de Pompeo Batoni (1760)

2ª edição – abril/2006
10.000 exemplares
(10.001 ao 20.000)

FICHA CATALOGRÁFICA
(Preparada na Editora)

Rampin, Alexandre Luiz, 1976-

R14m *O Marquês* / Alexandre Luiz Rampin. Araras, SP, 2ª edição, IDE, 2006.

256 p.

ISBN 85-7341-309-3

1. Romance 2. Espiritismo. I. Título.

CDD -869.935
-133.9

Índices para catálogo sistemático:

1. Romances: Século 21: Literatura brasileira 869.935
2. Espiritismo 133.9

ÍNDICE

1

Paris, 1785

Último Quartel do Século XVIII

A noite envolve com seu espesso véu a capital francesa. No firmamento escuro, além das muitas estrelas, vê-se a Lua cheia a derramar sua luz de prata por sobre as casas, os becos e as ruas estreitas da cidade. Paris está mergulhada em profundo sono, mas algumas pessoas ainda se mantêm acordadas, entregando-se à animação das tabernas e aos copos de vinho, tentando esquecer os problemas da vida diária e a opressão que domina a época. Os pesados impostos cobrados pela coroa e a grave crise econômica há muito descontentam os cidadãos e fazem com que, cada vez mais, a miséria aumente e contagie os lares humildes dos franceses comuns, aqueles que não descendem de uma linhagem nobre e tentam sobreviver através do trabalho árduo.

– Acorde, Pierre! Acorde, homem, pelo amor de Deus!

Enquanto a fome e a penúria constituem as acerbas provas da população simples, o luxo e a abundância, os prazeres e as riquezas, num drástico contraste, são ostentados nas residências opulentas e nos palácios faustos dos materialmente privilegiados, aqueles que pertencem à mais alta nobreza parisiense ou que são membros do clero. Grandes portões dourados com detalhes artísticos e altos muros protegem essas magníficas construções arquitetônicas e afastam os visitantes indesejáveis e os mendigos que esmolam as migalhas das fartas mesas senhoriais.

– Hã?... O que é?... Ei, calma! O que você quer, Anete?! Precisa me acordar desse jeito?! Até parece que o castelo está em chamas! Por que o desespero?

Diante de tão radical diferença, há rumores estranhos sobre Paris. Um mau presságio parece rondar a cidade. As vozes do povo iniciam seu clamor pelo final da opressão, pedindo a queda do poder absolutista do rei e dos direitos abusivos da corte. Muitos são os pensadores deste século e as suas idéias animam as massas que começam a reagir, exigindo dias mais amenos e felizes. Os escritos desses célebres filósofos são a inspiração de um movimento nascente que pede o fim da injustiça e da corrupção.

– O castelo não está em chamas, não, mas acho que alguma coisa deve ter acontecido! Estava prestes a me deitar, aqui ao seu lado, quando ouvi um estouro. Parecia um tiro!

– Anete, você me acordou só porque achou ter escutado um disparo? Ora, pelo amor de Deus, mulher! Esse lugar está cheio de guardas, não há o que temer. Agora pare de se preocupar e durma. Já é tarde e eu estou muito cansado.

Sem mais uma palavra, Pierre cobre a cabeça com o lençol e tenta dormir novamente. Mas Anete, ainda impressionada, volta a insistir:

– Pierre... Pierre...

– O que é, agora? Já disse para você dormir!

– Por favor, vamos ver o que aconteceu. Eu não vou conseguir fechar os olhos se não fizermos isso...

– Ah! Está bem! – fala o homem, num tom de voz mais alto e já irritado. – Vamos ver o que se passou! Senhor Jesus, por que o meu fardo é tão pesado? Por quê?

Pierre, um servo daquele castelo que está construído nos arredores de Paris, levanta-se e, juntamente com a esposa Anete, que é a cozinheira do lugar, sai de seu quarto a fim de averiguar o suposto disparo. Tudo está às escuras no interior do castelo e, para iluminar os corredores por onde passarão, ele toma nas mãos um castiçal com três velas acesas, que encontra sobre uma pequena mesa, no lado de fora do aposento.

– Vamos andar logo com isso. Por onde começaremos?

– Como assim, Pierre?

– Foi você quem escutou o barulho, Anete! Ou imaginou tê-lo escutado, não é? Por onde quer começar a sua investigação?

– Eu estou um pouco nervosa, ainda... Ai, meu Deus, por onde deveríamos começar?... Deixe-me ver...

– Em nome da Santíssima Trindade, mulher, fale logo ou eu volto para o quarto e deixo você com sua histeria.

– Pela ala onde estão os aposentos dos nobres! – responde, rapidamente. – É isso! Vamos começar por lá. Se algum malfeitor se interessasse por alguma dependência de um castelo como esse, certamente não seria pela ala da criadagem, certo?

– Brilhante dedução, Anete. Brilhante mesmo! Meus parabéns! – diz o marido, em tom irônico.

– Eu sei. Obrigada. Agora vamos rápido! Não era você que estava com pressa?

O casal segue, então, para a referida ala.

Construído no século XVI, de 1542 a 1550, o suntuoso castelo é conhecido em todo o reino como palco de grandes reuniões festivas da nobreza. Ali, desde que suas portas foram abertas, opulentos saraus haviam sido realizados, com a presença de importantes figuras da França. O próprio Luís XIV, que na história ficou conhecido como o Rei-Sol, esteve presente a uma dessas festas, onde bailou um gracioso minueto, executado com virtuosismo pelos músicos de câmara com seus violinos, violoncelos, flautas, oboés e o cravo.

No decorrer de 235 anos, a construção já não mantém o seu desenho original. Foram empreendidas várias reformas em seu exterior e interior, sendo que agora possui traços do mais belo estilo barroco, repleto dos adornos característicos dessa arte. Das dependências ali existentes, destaca-se o enorme salão com seus lustres dourados e espelhos, onde são dados os requintados bailes, como também a galeria em que grandes telas, emolduradas com muito bom gosto, retratam desde os primeiros membros da família à qual pertence o castelo e muitos dos reis e rainhas da França. Digna de menção é, igualmente, a sala de jantar com seus ricos móveis e altas vidraças, através das quais pode-se avistar o bem cuidado jardim.

O atual proprietário do castelo é o marquês Felipe de Saint-Michel, o último dos membros da nobre família. Ele herdara aqueles domínios, bem como outras propriedades e vinhedos na França e na Itália, após a morte do pai, ocorrida quinze anos atrás. Jean, o pai de Felipe, era um homem bondoso e honesto, conhecido por todos pelas suas elevadas virtudes morais. Muito querido pelos amigos e especialmente por seus servos, aos quais sempre estava disposto a ajudar em suas necessidades, teve a árdua tarefa de, além de administrar seus bens, cuidar pessoalmente da educação de Felipe, pois ficara viúvo após a esposa ter dado à luz o único filho. A marquesa Catherine teve sérias complicações no parto que ocasionaram a sua partida inesperada.

Mas, apesar de Jean ter se dedicado ao filho com total esmero, Felipe demonstra uma índole completamente diferente da de seu pai. Altivo e orgulhoso, sempre faz questão de ressaltar, onde quer que esteja, em meio aos nobres ou aos servos, a sua privilegiada posição. Para ele, o que importa é o brilho faustoso da vida social junto à corte, as elegantes reuniões das quais participa e o viver despreocupado em meio à riqueza. Sente-se muito satisfeito em poder fazer o que quer, à hora que bem entende, desconsiderando sentimentos alheios, visando somente o seu total prazer. Todas as suas vontades e caprichos devem ser saciados, não importando o que para isso for necessário fazer.

– Eis a escada que nos conduzirá aos aposentos. Eu não sei por que você se impressionou tanto, Anete. Como pode supor que alguém seria capaz de tentar entrar aqui? Quem seria louco o bastante para fazer isso? Ninguém jamais se atreveria! E os guardas? Lembre-se de que neste castelo só estamos nós, os demais serviçais e o senhor marquês. Aliás, ninguém, além dos que aqui estão, sabe que o marquês já retornou de sua viagem à Itália. Os amigos, na corte, o aguardam para a próxima semana. A hipótese de tentarem fazer algum mal a ele está descartada.

– E se estivessem nos espionando, atentos a tudo o que acontece aqui, dia e noite? Vivemos numa época onde os ânimos estão exaltados e a cabeça dos nobres são exigidas aos gritos pelo povo. Enfim, eu só sei que trabalhamos aqui desde o tempo do finado marquês Jean e isso nunca aconteceu. Nunca! Nenhum disparo, nenhum barulho estranho. E não se esqueça de que alguém muito esperto pode burlar a vigilância... Sinto um mau presságio!

– Você e seus presságios. Quero deixar claro que só

estou fazendo isso para que depois me deixe dormir. Nós não temos obrigação nenhuma de nos preocuparmos com coisas que não são da nossa alçada. Isso que estamos fazendo é tarefa da guarda!

– Reclame o quanto quiser. Já estou acostumada com seu mau humor. Você não sabe fazer outra coisa, a não ser reclamar e reclamar. Se preferir ficar aqui embaixo, faça como quiser. Dê-me o castiçal, eu vou sozinha.

– Sozinha?!

– Sim. É impressão minha ou parece que, agora, você está com mais medo do que eu?

– Eu não tenho medo de nada! E não vou lhe entregar o castiçal!

Adiantando-se à esposa, Pierre começa a subir a escada. Anete, a passos rápidos, tenta alcançá-lo.

Ao chegarem no corredor onde estão localizados os aposentos do marquês, os servos deparam-se com dois guardas que também portam castiçais.

– O que aconteceu, Crispim? – pergunta Pierre a um deles.

– Estava fazendo a ronda no interior do castelo, há uns dez minutos quando, passando bem em frente aos aposentos do marquês, ouvi um disparo que, certamente, veio de lá de dentro. Chamei por diversas vezes o marquês, mas não obtive resposta alguma. Então, fui até lá fora e pedi para que Henri viesse comigo para arrombarmos a porta, que está trancada. Ela é muito sólida e não conseguiria fazer isso sem ajuda.

– Eu sabia que havia algo errado! Meus presságios não falham – diz Anete.

– Cale a boca, mulher, ou sairá daqui agora mesmo! –

fala Pierre, impaciente. – Vamos, Crispim, vou ajudá-los também.

– Meu Senhor Jesus Cristo! Tenho medo só de pensar no que poderemos encontrar por detrás dessa porta... Sinto até um arrepio me percorrer todo o corpo! Ai, Virgem Santíssima! – lastima-se a esposa de Pierre.

– Anete! – grita seu marido.

– Está certo. Vou ficar quietinha, prometo.

Deixando os castiçais no chão e distanciando-se alguns passos da porta, os três homens correm juntos de encontro a ela, imprimindo grande força aos movimentos, chocando-se violentamente com a madeira. Mas eles não conseguem arrombá-la de imediato. São necessárias outras três tentativas.

Quando a porta é finalmente arrombada, os homens se deparam com uma cena impressionante: no quarto iluminado fracamente pela luz de algumas velas, um corpo está estirado no chão, em meio a uma poça de sangue. Bem próximo a ele está uma pesada e cinzenta pistola, com arabescos em alto-relevo ao longo de seu cano, tendo um cabo de ébano com o delicado entalhe de uma flor-de-lis.

– Ah! Protegei-nos minha Nossa Senhora! – exclama Anete, horrorizada, que se mantém junto à porta, enquanto os homens aproximam-se do corpo. Pierre pega um dos castiçais, para que possam ver melhor o que havia acontecido.

– É o senhor marquês? Ele está ferido? – pergunta a mulher, apreensiva.

– Sim, é ele sim e não está ferido. Está morto – constata o marido da serva. – Um disparo certeiro no coração. É melhor que você não chegue perto. Ficaria mais impressionada do que já é.

– Ele se matou?

– É o que tudo indica, Anete – responde Crispim.

– Ou será que ele foi morto por alguém?

– Impossível. Ninguém entraria aqui – esclarece o guarda à mulher. – Além do mais, o assassino teria que ter fugido pela janela e ela está fechada por dentro. Sem contar que estamos no terceiro andar.

– Como ele foi capaz disso?! Tão rico e bonito! Por que acabaria com a própria vida?!

– Há algum tempo venho observando o marquês, antes mesmo de sua ida à Itália, dois meses atrás – fala Pierre. – Ele estava estranho. Permanecia horas e horas sentado na sua poltrona preferida, aquela com estofamento em veludo azul que fica no salão, com o olhar perdido, alheio a todo movimento ao seu redor, pensando em algo que só Deus sabe... Ele parecia não mais pertencer a esse mundo. Agora é tarde, nada mais podemos fazer.

– Será que o infeliz enlouqueceu?

– E você acha que sou médico para conhecer os sintomas da loucura, Anete?

– Do jeito que você está falando ele parece ter endoidado!

– Não é hora para ficarmos tentando descobrir os motivos dele ter-se matado. Precisamos tirar o corpo daqui e avisar alguém sobre o acontecido. Vá chamar Auguste. Peça a ele que comece a selar um cavalo, pois deverá partir levando uma mensagem a frei Domênico. Depois, traga-me a pena, o tinteiro e papel, para que eu possa escrever a carta. Vá, depressa!

– Só mais uma coisa, antes que eu saia... Ele morreu com os olhos abertos?

– O quê?! – pergunta Pierre, com admiração, sem compreender o porquê daquela estranha indagação da esposa.

– É isso mesmo o que você ouviu. Ele morreu com os olhos esbugalhados?

– Sim, mas por que quer saber?

– Isso é sinal de que a alma dele não vai ter paz nunca! Aliás, quem se mata jamais recebe o perdão de Deus!

– Deixe de tolices! Vá fazer o que eu mandei! – ralha.

Anete deixa o local rapidamente, voltando para a ala destinada aos servos do castelo. Enquanto isso, Henri, após averiguar o quarto do nobre, chama a atenção de Pierre e Crispim para um achado:

– Vejam o que encontrei sobre a cômoda.

Trata-se de uma folha de papel onde estão escritas algumas linhas. No canto superior esquerdo da folha está o selo do marquês de Saint-Michel, ou seja, o brasão de família que é utilizado com freqüência pelos membros da nobreza para autenticar documentos ou cartas. Tal brasão é bem conhecido pelos servos daquele castelo. Pierre pega o papel das mãos de Henri e começa a ler o seu conteúdo:

"Já não agüento mais o tormento que me invade... A voz não me deixa em paz... Preciso livrar-me dela... Seria a morte capaz de libertar-me desse inferno? Preciso tentar... Vou me entregar a ti, musa negra! Carregue-me em seus braços esguios. Apague para sempre, da face da Terra, a sombra de Felipe, o desgraçado marquês de Saint-Michel."

– A letra está trêmula, mas é do marquês, sem dúvida. Ele deve ter enlouquecido mesmo – fala Pierre, após a leitura, espantado com a comprovação do suicídio.

Anete bate na porta do quarto de Auguste e coloca-o a par de todo o ocorrido, dando-lhe as instruções do marido. Trinta minutos depois, galopando em disparada por uma estrada escura, ladeada por frondosas árvores, o mensageiro ruma para um mosteiro próximo à entrada de Paris: entregará uma carta escrita por Pierre nas mãos de frei Domênico, um franciscano de origem italiana que ali vive, amigo do nobre que naquela noite deserta da vida, aos trinta e cinco anos de idade.

– Estenda o lençol aí do lado, no chão, e depois me ajude a colocar o cadáver em cima do tecido para podermos retirá-lo daqui. – solicita Pierre a Henri que, imediatamente, atende ao pedido.

– Segure-o pelos braços. Eu o pegarei pelas pernas. Devemos colocá-lo bem no centro do pano.

Os dois colocam o corpo no lençol e o cobrem. Vão transportá-lo dali como numa rede, cada um segurando por uma extremidade do tecido.

– Vamos deixá-lo no quarto ao lado. Depois voltaremos para limparmos o assoalho – diz Pierre.

– Teremos que voltar aqui outra vez?

– É claro que sim, Henri. Você não quer que eu deixe esse sangue espalhado pelo chão, não é mesmo? Por acaso, está com medo? Eu pensei que somente Anete fosse a covarde... Pelo que vejo, enganei-me.

– Eu não sou covarde, Pierre! Não torne a repetir essas palavras! Sinto-me estranho aqui... Parece que estou sendo vigiado...

– Eu não posso acreditar no que está dizendo. Vigiado? Por quem? Pelo fantasma do recém-finado marquês?

– Não zombe, Pierre!

– Henri, ouça-me: porte-se como um homem! Ajude-me a carregar isso e depois trate de munir-se de coragem para ajudar-me na limpeza. Não quero ouvir mais uma palavra sobre estar sendo vigiado. Já bastam-me Anete e suas manias!

Os dois deixam o lugar. Henri é o último a sair. Antes de fechar a porta ele olha para dentro do sinistro cômodo, tendo a impressão de que alguém está lá, observando-os.

E, de fato, alguém que não pode ser visto por eles encontra-se no local.

Ajoelhada junto ao solo, próxima à poça de sangue, uma figura desesperada olha a pistola que ainda permanece ali. Chorando amargamente, põe as mãos na cabeça, comprimindo-a com muita força. Os cabelos estão desgrenhados. Sua expressão é a de um demente. Em dado instante, observa suas vestes que estão manchadas de sangue e percebe, na altura do coração, um terrível ferimento. Aquela visão atormenta-o ainda mais. Trata-se do Espírito do marquês que, desprendido do corpo físico, não entende o que está acontecendo.

Antes dos servos chegarem no quarto, vê, horrorizado, seu corpo inerte ao lado da arma utilizada em seu gesto doentio. Quando nota a brusca entrada das pessoas, implora por ajuda, pede socorro, mas tudo é em vão. Os serviçais parecem não ouvi-lo e muito menos vê-lo.

"Eu disparei a pistola!" – pensa, aterrorizado. – *"Tenho certeza disso, tanto que senti meu corpo estremecer e cair. Por que continuo visualizando o quarto e conservo as sensações de um vivo?! Talvez apenas tenha me ferido?... Por que ainda me sinto com vida? Será que estou em meio a um pesadelo? Quando acordarei?"*

Ao ver seu corpo sendo retirado dali, grita em protesto, o quanto lhe é possível, exigindo explicações dos dois homens, mas nada acontece.

Olhando para o sangue sobre o chão, Felipe se entrega às lágrimas desesperadas. Em meio à sua angústia, é supreendido pela porta que é novamente aberta. Os criados voltam para a limpeza do lugar.

– Eu nunca gostei dele – diz Pierre, ao mergulhar um pano num balde de madeira, cheio de água, que traz consigo. – Felipe era um tirano! Bem diferente do pai... Aquele sim, era um verdadeiro nobre! A nobreza do marquês Jean residia em seu coração – e, ao torcer o pano para a retirada do excesso da água, continua. – Quanta humilhação tive que suportar nesses quinze anos... mas não posso mais me queixar, pois ele teve o fim que merecia: desequilibrado e carrasco de si mesmo! Se realmente existir o inferno, é lá que Felipe deve estar padecendo!

Após o comentário, Felipe ouve sonora gargalhada, que não parte dos dois homens que ali estão. O riso desenfreado parece vir do nada. Ainda mais transtornado, o marquês procura fugir dali. Em disparada, sai pela porta aberta e desce a escadaria como um louco. Ofegante, atravessa a grande sala de jantar que está envolta em tênue claridade, pois é suavemente iluminada pela luz da Lua que entra através das vidraças. Chega, por fim, ao jardim, onde pára de repente, e analisa o ambiente à sua volta. Tudo em torno de si parece rodar rapidamente, e isso causa-lhe grande mal-estar, até que desmaia, esgotado em todas as suas forças.

Assim permanece por algum tempo, até que volta a abrir os olhos. Acredita, enfim, ter acordado do pesadelo. Mas, ao levantar-se e olhar ao redor, nota que a paisagem está diferente. Não se encontra no jardim de seu castelo. Está em meio a um lugar lúgubre, que exala mau cheiro. Ali existem árvores secas retorcidas e muita lama. Começa, então, a ouvir gritos de desespero e gargalhadas assustadoras.

"Seria este lugar o inferno?" – pensa, apreensivo.

À custa de muito esforço, inicia uma caminhada sem destino. Anda com muita dificuldade, olhando, de quando em quando, para a ferida aberta no peito, que lhe causa dores insuportáveis e de onde o sangue ainda escorre. Em sua mente, ouve, de maneira intensa e repetida, o estampido da pistola que usou para pôr fim à vida, vida essa que, de alguma forma, não havia sido interrompida.

Com passos vacilantes, Felipe segue seu curso incerto e, em determinado momento, percebe que ali também estão outras pessoas, de aparência desagradável e que, assim como ele, estão desesperadas e parecem sofrer dores profundas.

Em meio à horripilante visão, o suicida escuta alguém o chamar:

– *Felipe! Felipe!* – e após o chamado, um riso sarcástico ecoa.

– *Quem está me chamando?! Responda!... Pare de rir e responda!*

– *Está assustado, marquês?! Você sempre foi tão destemido!*

– *Onde você está?*

– *Não consegue me ver?*

– *Só percebo esses demônios ao meu redor, essas pessoas grotescas! Apareça! Eu exijo que apareça!*

– *Exige?!* – indaga. – *Aqui você não está mais em condições de exigir. Seu poder nada vale neste lugar! Seu título já não lhe será útil.*

– *Apareça, desgraçado!* – brada Felipe.

É então que, diante dos olhos apavorados do marquês, surge alguém que lhe parece ser familiar: um homem com aparência jovem, vestido à moda da época, trajando uma camisa branca de mangas longas, com apliques rendados na gola e nos punhos. Usa, por cima dessa camisa, um colete verde-claro, que está abotoado e vai até um pouco abaixo da cintura. Uma casaca aberta, de cor verde-escura, com grandes botões e delicados bordados em prata, serve como uma espécie de sobretudo. Veste, ainda, uma calça no mesmo tom da casaca, que termina na altura dos joelhos e, a partir daí, uma meia branca cobre-lhe o restante da perna. Os sapatos são pretos, possuem pequeno salto e têm grandes e prateadas fivelas quadradas em cima. Sobre a cabeça, um chapéu de três pontas realça os negros e compridos cabelos encaracolados de uma peruca, que vêm até à altura dos ombros. Seus olhos fundos parecem soltar chispas de fogo, tamanho o ódio que transparecem, e seu rosto é cadavérico.

O marquês de Saint-Michel, ao fixar por alguns instantes aquela aparição, acaba reconhecendo o homem.

– *Você?!*

– *Exatamente, Felipe! Seja bem-vindo ao inferno e às torturas que lhe reservo!*

– *Não!!!* – grita, desesperadamente. – *Deixe-me em paz! Saia de perto de mim! Desapareça!!!* – e corre, horrorizado, para longe da figura que lhe causa medo, enquanto que esta ali permanece, rindo satisfeita.

– *Corra o quanto quiser, Felipe. Não conseguirá escapar de mim e da minha vingança. Esperei por você esse tempo todo, sempre alimentando o meu ódio e a minha ira! Acertaremos as contas, finalmente.*

2

Nápoles

Dez Anos Antes

Apresentando paisagens variadas, as terras italianas possuem relevo singular com a predominância das colinas. Há, também, montanhas com altitudes elevadas em algumas regiões, que são cortadas por vales encantadores e lagos calmos que convidam ao descanso e à reflexão.

Nessas terras ergueu-se, no passado, o poderoso e impiedoso Império Romano com seus estandartes e águias douradas. Roma, a cidade dos Césares tiranos e cruéis, fora considerada o centro do mundo.

Ali ocorreram perseguições desenfreadas a todos os que proclamavam seguir a detestada doutrina cristã, baseada no amor a Deus e ao próximo. Em espetáculos hediondos, o sangue escorria em abundância e neles, centenas de valorosas almas receberam a palma do martírio. Paulo de Tarso e Simão Pedro também encontraram em Roma o último cenário para os seus labores apostólicos. Mas o Cristianismo, por longo tempo perseguido, triunfou no século IV e a cidade passou a ser a sede de um papado iniciante que, mais tarde, render-se-

ia ao orgulho e ao dogma, perdendo a simplicidade dos primeiros tempos da cristandade.

As Artes, desde a literatura e a arquitetura, até a música e a pintura, ocupam lugar de destaque em toda a Itália, berço da Renascença, especialmente nas cidades de renome, verdadeiros centros culturais a céu aberto: Florença, Urbino, Veneza, Gênova, Pádua, Bolonha, Milão, Turim, Parma, Vicenza... Em tudo há a expressão do belo: nas construções elegantes dos teatros, nas grandes catedrais, nos palácios.*

*E, em meio a todas essas cidades está Nápoles, capital do Reino de Nápoles ou "Reino da Terra Firme", localizada a oeste do Vesúvio**. A cidade deve sua origem a duas colônias gregas do passado: Partênope, no ano 600 a.C. e depois Neápolis, no século V, tendo sido ocupada pelos romanos desde o século IV a.C..*

Enfraquecido após enfrentar epidemias em meados do século XIV, insurreições e lutas intensas pelo poder, o reino encontrou um querido soberano na figura de Carlos III de Bourbon, a partir de 1734. O rei e sua mulher Maria Amélia da Saxônia, juntamente com o ministro Bernardo Tanucci, empreenderam uma política de reformas esclarecidas que diminuíram o poderio da Igreja. Os soberanos foram responsáveis, igualmente, por reanimarem a vida artística de Nápoles e por favorecerem o despertar intelectual. Embelezaram a cida-

* *Renascença:* movimento de renovação cultural e artística que nasceu na Itália no século XV e se espalhou por toda a Europa no século XVI.

** *Vesúvio:* vulcão ativo da Itália meridional. O período das erupções compreendido entre os anos de 63 e 79 de nossa era terminou com a destruição de três cidades: Herculano, Pompéia e Stabia. Suas encostas, regulares e férteis, são cobertas de vinhedos.

de, construíram o castelo de Capodimonte e o teatro San Carlo. Atualmente, no ano de 1775, o reino é governado por Fernando IV, filho dos soberanos de Bourbon, seguidor da política iniciada por seus pais.

Grande é o movimento nas ruas de Nápoles: as carruagens correm céleres, de um lado para o outro, transportando os nobres e disputando espaço com as carroças mais humildes dos campônios e mercadores. O porto e as diversas embarcações, desde grandes navios a pequenos barcos, encantam os olhos de todos que ali chegam e, bem próximo do porto, ergue-se o Castel Nuovo. Há igrejas que remontam à época do gótico: San Lorenzo Maggiore, Santa Chiara e a catedral de San Gennaro.*

– Depressa, incompetentes! Andem logo com isso, serviçais imprestáveis! Pagarão caro se conseguirem fazer com que eu me atrase para a ópera. Rápido com essas roupas!

– Senhor marquês, perdoe-me a ousadia, mas aconselhei-o para que voltássemos do passeio com mais antecedência... – justifica-se um dos criados que, naquele momento, apressa-se em trazer as roupas do nobre. – Foi... foi o marquês quem quis demorar-se mais no campo e...

– Cale-se! Sua obrigação é obedecer todas as minhas ordens, sem questionamento algum. Quer atribuir a mim a culpa de sua incapacidade?!

– De forma alguma, meu senhor, eu apenas...

– Já ordenei que calasse a boca! – grita. – E agora, você e os demais, vistam-me rápido!

Ao retornar de um passeio pelos campos de Nápoles e após demorado banho, Felipe está sendo vestido por cinco

---

* *Gótico:* gênero de arte que floresceu na Europa desde o século XII até a Renascença.

criados em seus aposentos, obedecendo a um verdadeiro ritual. O jovem nobre recebe tratamento rigoroso para que se apresente impecavelmente trajado na ópera. Enquanto dois dos serviçais trazem-lhe dez pares de sapato para que, dentre eles, escolha aquele que usará na ocasião, outros dois lhe vestem as roupas e o outro prepara-lhe a peruca branca que cobrirá seus cabelos, peruca esta que já foi escolhida dentre as quinze que estavam à sua disposição.

Depois de ser cuidadosamente empoado e perfumado, numa preparação que demorou uma hora e meia, Felipe, satisfeito, mira-se em um espelho. Traja uma de suas melhores roupas: um conjunto composto de calça e casaca aveludadas em tom azul-escuro, com preciosos detalhes em fios de ouro, meias de seda, fina camisa branca com rendas na gola e nos punhos, um colete todo brocado e uma espada na bainha. A peruca apresenta três elaborados rolinhos feitos com os cabelos, localizados bem acima das orelhas e, também, uma pequena trança caíndo sobre as costas, adornada por grande laço do mesmo tecido azul do traje.

– Meu senhor, – diz um servo apresentando-se ao marquês – venho avisar-lhe que a carruagem já está pronta, à sua espera.

Sem esboçar o menor agradecimento ao serviçal, em sua posição altiva, Felipe retira-se dos aposentos para tomar o veículo que o conduzirá ao seu destino. A rica carruagem, que apresenta à porta o brasão da família e é puxada por quatro corcéis negros, aguarda-o bem na entrada de seu palácio napolitano.

– Sigamos sem demora, cocheiro. – pede-lhe o marquês ao entrar e acomodar-se no interior do carro.

Suas ordens são imediatamente cumpridas e, em breve tempo, ganham as ruas de Nápoles, numa noite clara e quente. Logo se encontram defronte ao movimentado Teatro San

Carlo, onde Felipe é recebido por dois nobres cavalheiros: seus amigos Francesco e Jacques, este último recém-chegado de Paris.

– Mal posso acreditar no que meus olhos vêem! Jacques, seu traidor! Não aguardou meu retorno!

– Felipe, você estava demorando-se demais. Assim como os seus vinhedos não podem esperar, os meus também não, meu caro.

Os dois se abraçam e, após as saudações iniciais, é Felipe quem prossegue com a animada conversa:

– Está realmente decidido a fixar residência em Nápoles?

– Certamente. É com pesar que deixo a França, mas permanecendo aqui estarei acompanhando os negócios mais de perto. Você bem sabe que não podemos confiar em nenhum administrador, a não ser em nós mesmos.

– De fato. Mas sinto por não ter-me esperado em Paris. Gostaria muito de despedir-me de você em nossa terra, oferecendo-lhe uma festa em meu castelo. Sei que demoro-me em viagem mais do que imaginei, mas é preciso. Encontrei mais problemas do que supunha e quero deixar todos os assuntos pendentes em ordem antes do meu regresso. A administração dos vinhedos é um trabalho que não desejaria ter que acompanhar, mas não posso fugir a essa entediante responsabilidade deixada por meu pai desde sua morte, há cinco anos. Preferia muito mais estar nos salões em companhia das damas ao invés de verificar o plantio e a colheita das uvas! Aprecio muito mais o vinho pronto!

– Mas não se preocupe, soube me despedir muito bem da França, no braço de belas mulheres!

– Jacques, há seis meses não nos vemos, mas você continua o mesmo incorrigível!

Nesse momento, Francesco, jovem pertencente à aristocracia napolitana, que até então apenas acompanhara o diálogo, interrompe a conversação:

– Meus bons amigos, permitam-me lembrar-lhes de que Nápoles, minha boa cidade, também possui mulheres encantadoras, e muitas delas bem melhores que as francesas.

– Mas que napolitano audacioso! – retruca Jacques, em tom bem humorado. – Vamos então entrar nesse teatro e ver se a afirmativa de nosso amigo é verdadeira.

A ópera é o grande espetáculo da Itália e quase toda a Europa rende-se à sua linguagem e sua música. Os teatros onde são apresentadas estão espalhados por quase todas as cidades italianas, algumas delas até bem pequenas.

O San Carlo de Nápoles é uma casa de espetáculos que desperta a admiração de todos, dado ao seu tamanho e beleza: seis andares comportam perto de 180 camarotes de dez a doze lugares cada, havendo, na parte da frente de cada um deles, um espelho cercado por velas produzindo reflexos luminosos que afagam os tons bege-rosa e ouro da sala; o camarote real – verdadeiro salão com aproximadamente quinze poltronas, encimado por gigantesca coroa –; e um palco longo e profundo que permite encenações faustosas. Carlos III foi o promotor disso tudo, tendo inaugurado o teatro no dia 4 de novembro de 1737, dia de São Carlos.

Os camarotes dos três primeiros andares pertencem aos aristocratas, os dos andares superiores são alugados, e o público mais modesto tem que se satisfazer, como em todos os teatros italianos, com a platéia, o chamado *piccionaio*, ou seja, "o poleiro".

O espetáculo deve sua magia mais aos cenários do que ao canto e à música. Vários arquitetos-cenógrafos trabalham com ardor para que tudo tenha o brilho esperado, inventando máquinas especiais para esse fim. São palácios que descem à cena ou rochedos perfeitos de papelão que erguem-se do subsolo. Para se representar o mar, cobre-se uma série de cilindros de pano preto ou azul com reflexos prateados; os cilindros são atravessados, no sentido do comprimento, por uma barra de ferro ligada a uma manivela que maquinistas acionam dos bastidores.

Os nobres estão por todos os lados. Cavalheiros bem vestidos acenam uns para os outros, enquanto belas damas, abanando-se com leques rendados, ostentam exuberantes vestidos armados e rodados, penteados impecáveis e preciosas jóias.

– Belo camarote, Francesco!

– Custou a meu pai um alto preço, Felipe, mas o gasto foi compensado pelo privilégio de estarmos a poucos metros do palco.

– A decoração demonstra muito bom gosto, também – arremata Jacques.

– Obrigado. Mandei preparar-nos uma mesa com vinhos e iguarias. Espero que esteja ao agrado de ambos.

– Estará, sem dúvida alguma. Sabe, Francesco, agora que passarei a residir em Napóles, espero também adquirir, o quanto antes, o meu camarote neste teatro.

– Temos que providenciar isso. Meu pai talvez possa conseguir-lhe um por valor até razoável.

– Pois fale com ele. Terei muito prazer em convidá-los para que possamos estreá-lo juntos, retribuindo a sua hospitalidade.

– Pena que a platéia é reservada ao "povinho"... – interrompe o marquês, olhando para o lugar onde se acomodam as pessoas mais simples que podem pagar para assistir a ópera. – Essa gente estraga a beleza do San Carlo. A aristocracia deveria ter o uso exclusivo do teatro.

– Em Veneza, – afirma Francesco – os nobres têm um costume: cospem dos camarotes para a platéia ou lançam-lhe os restos do que se comeu. Um hábito desagradável, eu sei, mas que não deixa de ser divertido.

– Os napolitanos deveriam adotar esse hábito, não acha, Jacques?

– Seria interessante, Felipe. Imagine os idiotas indignados, xingando-nos sem parar.

– Se o povo daqui agir como os venezianos, não esperem grandes reações.

– Por que diz isso, Francesco? – pergunta Jacques.

– A nobreza despreza o povo nos teatros, mas, entretanto, o populacho sofre com muita paciência esse insulto. Os venezianos surpreendem: parece que amam aqueles que mais os ridicularizam. São tratados de maneira ultrajante, mas quando alguém sente nas mãos ou no rosto os efeitos das indignidades, não se zanga, vinga-se apenas com caretas muito cômicas.

– Então, bons amigos, não vale a pena – conclui Felipe, sentando-se em uma confortável poltrona. – Falemos das mulheres!

– Ah! sim! Um assunto que, indiscutivelmente, nos interessa! O que achou das napolitanas que vieram para assistir ao espetáculo da noite, Jacques? – pergunta Francesco. – Já teve tempo o bastante para admirá-las.

– Algumas são, de fato, interessantes. Agora, quanto a serem superiores às francesas... isso não sei. Precisaria de um contato mais próximo com elas, se é que você me entende?

– Isso é fácil! Enquanto a música é executada, o camarote de cada dama é palco do chá, das cartas, dos cavalheiros. O galanteio de um garboso nobre é bem mais interessante para elas do que a ópera, creia. Nesses camarotes os encontros proibidos acontecem livremente e sem complicações.

– É uma tendência generalizada. Em Paris não é diferente. Os salões são o cenário perfeito para tramarmos os maiores escândalos e intrigas. Aliás, tudo com muita elegância, dentro de nosso refinamento – atesta o marquês, ironicamente.

– E por falar em salões parisienses, marquês, as damas estão sentindo muito a sua falta – fala Jacques, com sorriso malicioso nos lábios. – Seis meses de ausência está sendo demais para elas, confidenciaram-me... Imploram por seu regresso!

– Partirei daqui a três dias. Que me esperem um pouco mais – fala Felipe, sem muito entusiasmo.

– Ora, o que há com você? Sabe, Francesco, nosso amigo mudou muito, mesmo antes de viajar para a Itália. O galanteador marquês de Saint-Michel, desejado por todas as mulheres e invejado pelos homens, tornou-se apático e indiferente às conquistas e prazeres que a nossa boa sociedade nos permite. Notei que isso começou a acontecer alguns dias antes de um certo casamento...

Ao tocar no assunto casamento, Jacques faz com que o semblante de Felipe se modifique radicalmente. Seu rosto torna-se grave.

– Felipe, sejamos sinceros uns com os outros. Essa sua mudança tem a ver com a união de Cécile?

– Quem é Cécile? – pergunta Francesco, curioso.

– Ninguém! Cécile não é ninguém! – fala o marquês, asperamente. – Pare de dizer tolices, Jacques. Prezo muito nossa amizade e não gostaria de vê-la desfeita aqui, neste momento.

– Acalme-se, Felipe! Desculpe-me. Não tocarei mais nesse assunto... não imaginaria que ele viria a incomodá-lo tanto...

– Não me incomoda. O que me deixa furioso são essas suas colocações a meu respeito. Continuo sendo o emérito conquistador que conhece. Apenas os negócios é que me distanciam das minhas atividades amorosas. Mas, não se preocupe, estou voltando a elas.

– Bravo, Felipe! – exclama Francesco, numa tentativa de desfazer o quadro constrangedor do momento. – Brindemos, então, aos deuses da venerada libertinagem, aos quais juramos render culto eterno!

Os três erguem suas taças de fino cristal e brindam, deliciando-se com saborosa bebida. Logo após o brinde, todos no San Carlo começam a aquietar-se em seus lugares. A apresentação será iniciada.

Após a introdução orquestral, as cortinas são abertas e um cantor coloca-se no centro do palco. O mesmo é aplaudido, com muito entusiasmo, por todos os presentes. As pessoas se levantam, agitam-se, gritam frases em homenagem ao tenor e atiram-lhe pequenos ramalhetes de flores.

Tem início, então, uma comovente ária*, de extrema beleza, um doloroso lamento.

Com o olhar fixo no palco, Felipe deixa-se levar pela melodia sublime que é apresentada e, em sua mente, cenas de um casamento se repetem. Ao final da música, não percebe as palmas dos espectadores. Alheio a todos, seus olhos estão rasos d'água.

Numa clara manhã, três dias após a ópera, Felipe está de partida para a França, trocando as últimas despedidas com seus amigos Francesco e Jacques, bem defronte ao seu palácio.

– Espero que se acostume, Jacques, com os ares da Itália.

– Tenho certeza de que vou acostumar-me. Minha vida será sempre uma rotina, é claro: passarei a manhã negligentemente vestido com meu roupão, o que me proibirá de receber muitas visitas em casa, acompanharei um pouco os negócios, sairei pelo campo, aproveitarei o jantar e, finalmente à noite, assistirei, exultante, à ópera e, depois dela, estarei enlaçado por braços femininos! Será difícil viver assim, mas sobreviverei.

– Pelo que vejo, – fala Francesco – já se tornou um autêntico nobre napolitano!

– Felipe, – pede o amigo francês – não deixe de mandar notícias de Paris.

– É claro que não.

– Minha família gostaria que levasse recomendações e

* Ária: peça musical para uma só voz.

estimas a frei Domênico – pede Francesco. – Você bem sabe que meu pai tem pelo religioso muita consideração.

– Não só o seu, mas o meu também muito o considerava. Tão logo chegue, minha primeira providência será visitar o mosteiro e colocá-lo a par dos votos de todos vocês. O ambiente religioso me fatiga, mas por sua família, bom Francesco, farei esse sacrifício.

– Obrigado, marquês.

Sem mais delonga, Felipe toma sua carruagem e parte de volta à terra natal, deixando para trás as paragens italianas.

⚜

Numa tarde agradável, o marquês Felipe chega a Paris.

Uma estrada ladeada por frondosas castanheiras e tílias conduz o nobre veículo até os pesados portões que guardam o imponente castelo da família Saint-Michel, primoroso e cheio de majestade. Possui três andares a retangular construção principal e, em cada uma de suas quatro extremidades estão edificados, de maneira contígua, grandes pavilhões. Cada pavilhão apresenta rica fachada, mas que não se compara à fachada principal do castelo, composta de colunas que sustentam um frontão triangular com figuras greco-romanas em alto-relevo. Os altos telhados em forma de trapézio são de tom cinza-escuro e neles se avistam as janelas do sótão. Ainda na construção principal do castelo, nichos em forma semicilíndrica, com sua parte superior abobadada em quarto de esfera, ornamentam a edificação de cor clara, albergando imagens de deuses mitológicos. Proteje a nobre residência, em toda a sua extensão, alto muro de fechamento.

O castelo encontra-se erguido mais ao fundo da propriedade. À sua frente está elaborado jardim repleto de árvores, alamedas, superfícies retangulares verdejantes, flores e cipestres podados artisticamente. O jardim é ornamentado por diversos jarrões decorativos e, centralmente, por uma fonte de grandes proporções representando o triunfo de Netuno* sobre as águas, através de elaboradas estátuas de mármore.

As artísticas grades de ferro forjado são abertas por criados e a carruagem ganha o interior da rica vivenda.

À porta de entrada, quatro servos aguardam pelo carro e, quando este estaciona, três dos serviçais apressam-se em descarregar a bagagem, enquanto o outro abre a porta do veículo para que seu ocupante desça dali. No momento em que o marquês sai, o criado curva-se em reverência. Ignorando-o, Felipe sobe as escadarias que conduzem para o interior do castelo.

– Meu senhor, como é bom tê-lo de volta. Espero que tenha feito boa viagem – recebe-o, humildemente, o servo Pierre.

– Devo-lhe satisfações sobre minha viagem, Pierre?

– Não, senhor.

– Pois então providencie para que os meus aposentos sejam preparados. Quero descansar.

– Eles já se encontram à sua disposição, marquês.

– Excelente. Não gostaria de ser incomodado por ninguém.

– Certamente.

– Amanhã, à tarde, pretendo visitar frei Domênico, no mosteiro. Quero, portanto, que a carruagem esteja pronta.

---

* *Netuno:* deus romano dos mares, representado sobre um carro puxado por cavalos brancos, empunhando um tridente. Também chamado Poseidon na mitologia grega.

– Tomarei todas as providências.

Felipe já está dirigindo-se para seus aposentos, quando é inquirido por Pierre:

– Senhor, perdoe-me a ousadia, mas devo mandar Anete preparar o jantar?

– Se o quisesse, já lhe teria dito.

– É claro, senhor... é claro que já teria dito... peço-lhe perdão.

O marquês vai repousar, enquanto Pierre apressa os criados com a bagagem.

3

Visita ao Mosteiro Franciscano

O astro-rei, inundando a cidade com sua luz, é testemunha silenciosa da chegada de Felipe ao Mosteiro de Nossa Senhora da Conceição, casa que abriga um bom número de frades da ordem de São Francisco de Assis em Paris.

Recebido com muita distinção pelo porteiro, um velho frade, é conduzido para uma das muitas salas ali existentes, a fim de aguardar pelo prior* da ordem.

Acomodado em confortável cadeira, defronte a uma escrivaninha, o marquês, a sós, analisa o ambiente à sua volta: um gabinete decorado com requinte, longe de lembrar a humildade do pobrezinho de Assis. Artístico e primoroso vitral com a figura de São Francisco permite que a luz do Sol banhe a sala, onde uma de suas paredes brancas abriga duas tapeçarias com temas da vida do patrono da ordem. Atrás da escrivaninha de cedro maciço com finos entalhes e adornos em bronze cinzelado, uma valiosa cruz com a figura do Re-

* *Prior:* superior de um mosteiro.

dentor é ladeada pelas imagens de Nossa Senhora da Conceição e do jovem italiano que afirmava que "é perdoando que se é perdoado".

Em pouco tempo a porta da sala é aberta. O marquês levanta-se. O prior, homem obeso e de semblante sério, dono de um olhar frio e perspicaz, aproxima-se da ilustre visita, estendendo-lhe a mão direita. Felipe, obedecendo a tradição, curva-se e beija-a, sendo logo em seguida abençoado pelo frade. Este último acomoda-se gravemente em sua cadeira aveludada de cor carmesim, atrás da mesa, convidando o nobre a sentar-se novamente.

– Estou imensamente feliz por recebê-lo em nossa humilde casa, senhor marquês. Graças ao bom Deus, posso certificar-me de que seu retorno à capital do reino foi tranqüilo. Isto muito me agrada. Vejo, igualmente, que o marquês parece bem disposto.

– Muito bem, obrigado.

– A volta segura de nossos bons cristãos após empreenderem viagens é sempre motivo de júbilo para mim, ainda mais em se tratando do respeitoso marquês. Dificilmente visita-nos, eu sei, devido, certamente, a seus inúmeros afazeres junto à corte... A última vez em que nos vimos, se bem me recordo, foi na ocasião da derradeira visita que seu pai fez ao irmão Domênico, isso há cinco anos. A presença, hoje, do filho do finado marquês Jean, faz-me lembrar o quão bom homem ele foi, sempre disposto a ajudar nosso mosteiro e nossas obras... por isso mesmo acredito que tenha recebido sua recompensa nos céus. As dificuldades que temos enfrentado são tantas, senhor... – desabafa, falsamente, o prior, quase em lágrimas. – Temo pelo futuro... Vivemos de recursos escassos, as doações são poucas. Infelizmente, nem todos são como Jean.

– Permita-me uma colocação – interrompe Felipe, com intenções de provocar o religioso. – Vejo nesta sala duas obras de arte que devem valer muito: as tapeçarias! Venda-as e terá o necessário para a continuidade das obras por algum tempo.

O prior, desconcertado, tenta disfarçar o ódio que está sentindo naquele momento através de um leve sorriso, esforçando-se por colocar fingida doçura em suas palavras:

– Sei que pouco tempo dispõe para se preocupar com a Igreja devido a seus afazeres, que são muitos. Talvez por isso ainda não entenda que esses são objetos de muita importância para nós, objetos de verdadeira devoção, que nos auxiliam a manter viva a nossa fé. Digo nossa fé referindo-me a mim e aos religiosos que fazem parte do meu rebanho, bem como a todos aqueles que vêem a Igreja como divina luz no mundo. Todos gostamos do que é belo, portanto, por que não agradar ao Senhor com as belezas que podemos ofertar-Lhe? E, além do mais, as tapeçarias foram doação de uma condessa agradecida pelas graças alcançadas em prol dos negócios de seu marido. Imagine o quanto deixaria essa cristã desapontada com o gesto sugerido pelo marquês. Gostaria de deixar claro que isso tudo não me pertence, mas sim, a Deus – e continua a falar, agora, em tom mais ameaçador. – Lembre-se de que todos somos seres falhos e que, um dia, quando menos esperarmos, por algum motivo acabaremos recorrendo ao Pai Celeste... Sabe você, como bom cristão, que Ele somente se manifesta através da Santa Igreja. Por isso, é sempre prudente colaborarmos com ela, para que um dia interceda por nós, favoravelmente, perante o mundo e os céus. Compreende o que quero dizer?

Felipe percebe que não é prudente continuar com o assunto. Não conhece a fundo o religioso e julga sensato não indispor-se com alguém influente, como parece ser o prior, cuja ganância mal consegue esconder atrás da máscara da fé corrompida.

– Perdoe-me o parecer impensado – desculpa-se, fingidamente. – Talvez, em meu coração, ainda esteja desapontado com Deus por ter levado meu pai...

– Não podemos nos revoltar com Deus, nem mesmo questionar as Suas vontades e desígnios. Ele chamou seu pai para junto d'Ele, é verdade, mas o finado Jean deixou-o em situação privilegiada, jovem marquês, e essa situação pode favorecer não só ao nobre irmão, como também a outros. Pense bem: apesar da morte de Jean, Deus lhe sorriu. Não há motivos para revoltar-se... é tempo de reconciliação.

– Sinto, realmente, que preciso fazer as pazes com Ele – afirma Felipe, hipocritamente. – Como mostra de minha boa vontade estarei doando ao mosteiro uma soma capaz de ajudá-lo a dar continuidade a seus trabalhos. Enviarei um mensageiro amanhã mesmo, nas primeiras horas do dia, para que entregue em vossas mãos a minha oferta.

O prior, após ouvir as palavras de Felipe, passa, de um momento para o outro, da contrariedade à satisfação plena. Exultante interiormente, agradece-o pelo "generoso" e "espontâneo" gesto.

– Em nome de Deus, muito obrigado, senhor marquês. Pedirei a Ele que o perdoe pela colocação impensada. Aliás, o Senhor já o perdoou. O Todo-Poderoso é sempre compreensivo e piedoso para com aqueles que se arrependem. Conte conosco para o que precisar. Sempre encontrará em mim um servo, cuja única pretensão é ser instrumento de Deus na Terra.

– Obrigado. Mas, por agora, peço-lhe somente um favor.

– O que desejar.

– Gostaria de falar com frei Domênico. Na verdade, vim para isso. Trago-lhe notícias de amigos da Itália.

– Certamente. Queira acompanhar-me, por favor.

Os dois saem do gabinete, seguindo por longo corredor que os conduzirá para o exterior do prédio. Durante o trajeto, o frade fala a Felipe sobre o que sua doação poderá fazer em prol da ordem franciscana e como é necessário que ambos estreitem os laços de amizade. O marquês, por sua vez, sabendo, de antemão, que a real utilização de sua oferta não será aquela que está sendo mencionada e nem um pouco interessado em tornar-se amigo do prior, prefere observar o lugar, a prestar atenção nas palavras que lhe são ditas. Poucas vezes estivera ali em seus vinte e cinco anos. Vinha sempre contrariado, acompanhando o pai em visitas ao frei e amigo italiano.

Frei Domênico, um homem de sessenta anos, cabelos alvejados e sulcos nas faces, está trabalhando em bem cuidada horta, manejando a enxada, quando é surpreendido pelo prior e pelo nobre. Deixando de lado o instrumento de trabalho, pede a bênção ao superior e, depois, contente com a inesperada visita, abraça Felipe, com paternal carinho. Mas o jovem não corresponde com o mesmo entusiasmo ao abraço do religioso.

– Vou deixá-los para que possam conversar mais à vontade. – diz o prior, retirando-se, não sem antes ter a mão novamente osculada pelo nobre e pelo frade idoso.

– Que felicidade sinto em poder vê-lo novamente! Você bem sabe, Felipe, o quanto estimei seu pai. Tinha-o, e ainda o tenho em meu coração, mais como um irmão do que como um amigo. Quanto a você, também é mais que um amigo... é como um filho para mim.

– Eu lhe agradeço, mas preciso ser breve.

– Vamos nos sentar ali – diz Domênico, apontando um banco tosco, para onde seguem imediatamente.

– Trago-lhe notícias de amigos italianos. A família de Francesco Segrini pede que transmita-lhe cordiais votos de saúde e paz. Todos estão muito bem, em Nápoles.

– Ah! Uma boa família... Há dez anos não nos vemos, desde quando para cá fui enviado. Lembro-me que saí da Itália entre as lágrimas dessa família e cheguei a Paris sendo recebido pelo fraternal sorriso de Jean, o qual já conhecia, de longa data. Sabe, Felipe, era motivo de grande alegria para mim quando seu pai estava na Itália, em viagem de negócios, e nos reuníamos, eu e ele, juntamente com o casal Segrini, a falarmos das graças do Senhor. Exaltávamos o amor de Deus em nossas vidas, especialmente Jean que nos afirmava que a maior bênção recebida por ele dos céus era você. Seu pai o amava muito, meu filho...

– Meu pai dava uma importância muito além da que se deve dar à Igreja, Domênico, assim como você.

– Dou importância a Deus, Nosso Pai, e a Nosso Senhor Jesus Cristo e Seus ensinos. Eles são primordiais para a nossa felicidade verdadeira na Terra. Jean tinha a mesma idéia a esse respeito.

– Há pouco pude notar a índole do prior, corrompida pela ganância. Esse homem reverencia o ouro por trás do nome de Deus! – e após curta pausa, continua. – Acho, realmente, que você perde seu tempo nessas divagações... Seja mais esperto, Domênico! Vivemos numa época em que é preciso muito mais que utopias em nome do amor pregado pelo Nazareno. Os tempos são outros! É necessário sermos ambiciosos e até bajuladores daqueles que detêm o poder nas mãos! Só assim venceremos a batalha da existência em meio às víboras disfarçadas em pombas mansas. A filosofia cristã é comovente, mas, na prática, não oferece resultados satisfatórios.

– Felipe, também fui jovem e, em minha juventude muito me enganei... Era mais novo que você quando professei meus votos e tinha uma visão da religião completamente diferente da que tenho hoje, meu filho. Somente a duras penas pude compreender a verdade. Você jamais foi favorável aos ensinos cristãos, nem ao menos procurou entendê-los em sua real concepção e acabou adotando os conceitos da maioria das pessoas, que acreditam que assistir ao ofício da missa, muitas vezes de má vontade, confessar-se e fazer contribuições em dinheiro é tudo, e que nisso se circunscreve a religião. Essa é a visão limitada! – e acrescenta, com pesar. – Você sempre preferiu os salões, e nisso residia a grande tristeza de seu pai... Ele mencionou isso a mim, em seu leito de morte, quando pediu-me para que me dedicasse a você, como ele o tinha feito. Guardava esperanças de que, um dia, o filho vislumbrasse um brilho maior que o dos salões...

– Ora! – diz Felipe, começando a irritar-se. – Todos preferem o brilho dos salões! Até mesmo os miseráveis anseiam por ele e dariam tudo para poder possuí-lo! O que são as igrejas senão suntuosos salões disfarçados em lugares santos?! Acorde, Domênico! Com um pouco de astúcia poderia chegar a superior da ordem, já pensou nisso? E saiba, também, que eu sei como me cuidar, não se preocupe comigo.

– Jovem marquês, os homens ainda são falhos. Não podemos, jamais, transferir os defeitos humanos a Deus, que é sabedoria e perfeição... Não cabe a mim julgar, porque também sou alguém cheio de imperfeições, mas, se existem aqueles que dentro da Igreja se corromperam, existirão sempre aqueles outros que serão fiéis. Nos servos verdadeiros é que devemos nos espelhar. Tomo como exemplo Francisco de Assis, que se desfez do ilusório brilho do ouro para servir em plenitude. Possuía todo o poder material, mas não se sentia feliz com esse poder.

– No entanto, a cidade natal do santo, a qual já visitei, abriga suntuosa basílica em seu nome.

– Erigida pelo orgulho humano e que não condiz com a conduta de São Francisco, muito menos com seus ensinos.

– Mas ele foi considerado louco em sua época!

– Bendita loucura!

– Você quer tornar-se um reformador, é isso? Essa, então, é a sua pretensão?! Quer ser conhecido como "o mártir franciscano que ousou mudar o pensamento cristão no mundo"? Quer ser um novo "São Francisco"! Eis aí sua vaidade aflorando!

– Não, marquês, quero apenas servir aos meus irmãos. Os títulos terrenos fazem parte do orgulho humano, porque todos somos iguais perante o túmulo. Anseio pelas bênçãos do céu, que são duráveis... tento fazer o que acho certo, sem desmerecer a ninguém, nem mesmo à Igreja que, apesar da conduta orgulhosa de muitos de seus representantes, homens falhos como eu, manteve acesa a chama do Cristianismo através dos séculos, graças aos que dentro dela serviram aos interesses do Senhor com sinceridade e amor, sem ostentação... Reconheço, igualmente, que sem o auxílio de Deus, nada sou. Aliás, coloco-me na posição de instrumento do Cristo: os méritos nunca são para as ferramentas, mas sim para aqueles que as manejam.

– Impossível conformar-se com a sua atitude. Você apraz-se com a condição de cego! Hoje obtive os favores de "Deus" para mim, com a doação de grande soma em dinheiro, afirmou-me o seu superior – diz Felipe, com ironia.

– Você bem sabe que obterá favores dos homens, não de Deus. A atitude que tomou não é a mais agradável ao Senhor. O mais agradável a Ele é fazer a oferta do próprio coração.

– Enquanto você continuar pensando assim, sempre estará cuidando de doentes, de hortas, de crianças pobres que exalam mau cheiro. Se isso o deixa feliz, o que posso fazer? Mas, tenho certeza de que se pensasse um pouco no que lhe digo, veria que tenho razão. Ah! Se conhecesse o poder!

– Cuidando de crianças, doentes e hortas, trabalho humildemente em nome do Cristo, que afirmou: "Amai-vos uns aos outros, assim como eu vos amei e ao próximo como a vós mesmos". Estou procurando fazer o que Ele nos pede... realizo a minha parte e assim vou melhorando, a cada dia mais. Não posso mudar o mundo, de certo, mas posso mudar a mim mesmo. Dói-me ver que a maioria de meus irmãos em humanidade ainda não entendeu isso, mas confio na Providência Divina e oro, todos os dias, para que possam ver a Luz. Conheço sim, Felipe, o maior poder existente: o amor de Deus em nossas vidas.

– Perdoe-me, frei Domênico, mas é um tolo.

– Devemos viver no mundo, não para o mundo. Não estou alheio de como devo proceder em nossos dias, mas igualmente sei que nem tudo o que a sociedade oferece me convém. Jamais trocaria meus ideais em Deus para aceitar as mundanas conveniências. Necessitamos, todos, dos nossos irmãos em humanidade, daquilo que de melhor podem nos oferecer, mas, igualmente, necessitamos de Deus. O dinheiro, por exemplo, é necessário, mas deve ser empregado com sabedoria.

– Afirma que não sei empregá-lo corretamente?

– Precisamos do necessário, não do supérfluo, e a diferença entre os dois é claramente visível. O que nos sobra é o que falta a outros irmãos nossos e o bom emprego das sobras poderia aliviar as dores de muitos e encher-nos de alegrias ímpares.

– Você e meu pai são idênticos nos sonhos... Por isso se davam tão bem! Quem, em minha posição, aceitaria isso?

– Cécile, nossa amiga em comum, consegue agir assim, da mesma forma que Jean conseguiu.

Ao ouvir o nome de Cécile, Felipe estremece interiormente.

– É uma nobre – continua o frade – e possui, junto ao esposo, propriedades e conforto, mas sabe espalhar um pouco das bênçãos que recebeu para secar as lágrimas daqueles que têm menos. Esforça-se por manter o patrimônio sustentando com a boa palavra o marido diante do trabalho, o que é louvável e necessário, mas vive com distinção e auxilia aqueles que dela necessitam. É maravilhoso tê-la comigo, quase que diariamente, a distribuir sopa aos pobres nas portas do mosteiro, refeição essa que é preparada pessoalmente por ela e por religiosos da ordem em nossa cozinha. Mas, até mesmo mais importante que o alimento ou o dinheiro que distribui para minorar o sofrimento alheio, é o que ela oferece da sua sabedoria e do seu grande coração, através da palavra carregada de amor e ternura aos necessitados, o abraço e o beijo de verdadeiro carinho a todos que chegam até ela. Você precisa vê-la, Felipe, conversando com os pobrezinhos. Assemelha-se a um anjo descido dos céus.

– Ela está bem? – pergunta o marquês, com voz quase embargada.

– Muito bem. Cécile e Louis ainda vivem as alegrias do

casamento praticamente recente. Há seis meses oficializei essa união, e fiz isso com muito gosto. Já os visitou?

– Ainda não tive oportunidade, mas ela não me faltará – e, mudando bruscamente o curso da conversação, o nobre continua: – Preciso ir. Já lhe transmiti as recomendações dos Segrini e também não quero me indispor com você, Domênico, por isso nossa conversa deve encerrar-se por aqui.

– Saiba, Felipe, que vou continuar orando por você, para que consiga, um dia, enxergar as coisas de um modo diferente, com a luz da verdade.

– O único que não consegue ver é você, Domênico.

– Eu vejo sim, marquês. Vejo que Deus é amor, e essas também são palavras de São João, o Evangelista. Em qualquer lugar onde houver amor sincero, aí o Senhor se fará presente, e isso não está circunscrito aos templos religiosos. Saiba que demorei a entender tudo isso, razão pela qual tenho esperanças de que também você venha a entender, no futuro. A Igreja jamais poderia ter-se deturpado... ela deveria ser constante reflexo do amor de Cristo... Mas, enquanto viver, continuarei trabalhando, segundo o Evangelho, para que os bons exemplos dos verdadeiros servidores que fizeram parte dessa instituição não sejam esquecidos jamais.

– Basta, frei Domênico, nunca me convencerá. E cuidado com essas suas idéias, elas podem ser-lhe prejudiciais.

Felipe retira-se dali, apressadamente, deixando para trás o velho frade, que acompanha sua saída com os olhos umedecidos pelas lágrimas. O marquês toma sua carruagem, que o aguarda do lado de fora dos muros do mosteiro, ordenando rispidamente ao cocheiro que o conduza à corte, em Versalhes.

O Palácio de Versalhes, distante 15 Km de Paris, originou-se da decisão de Luís XIV de ampliar um pavilhão de caça construído por seu pai, Luís XIII. A partir de 1682, torna-se a residência oficial do rei e da corte. Vários foram os artistas renomados que contribuíram nas ampliações. A primeira etapa de reformas deu-se de 1662 a 1665, com a ornamentação do núcleo inicial, o pátio de mármore ao lado da entrada, o acréscimo de duas novas alas e o primeiro traçado do jardim e do parque. Em 1667, o palácio ganhou três novas alas do lado dos jardins. Entre 1678 e 1684, há a construção da Galeria dos Espelhos, suntuosamente decorada, e a ampliação da fachada com duas longas alas recuadas. Durante esse mesmo período, acontecem novos trabalhos nos jardins: a criação do espelho d'água no terraço central, da alameda real e de pequenos bosques com ornatos fantasiosos.

Desde o Rei-Sol, o luxuoso palácio, obra esplêndida da arquitetura francesa, abriga as tramas políticas, os desentendimentos partidários, a bajulação declarada, a intriga e as delicadas relações amorosas de nobres prevaricadores.*

Após rever alguns amigos no palácio, Felipe resolve dirigir-se aos jardins. Depois de alguns minutos de caminhada, senta-se em um dos muitos bancos ali existentes e, de cabeça baixa, começa a refletir sobre as palavras e a atitude de frei Domênico. Absorvido pelos pensamentos, não é capaz de perceber que alguém se aproxima.

– Ora, ora! Vejam só quem eu encontro a cismar em meio à exuberante natureza de Versalhes! Mas que agradável surpresa, marquês!

* *Rei-Sol:* título dado a Luís XIV por sua política absolutista de governo.

Tendo sua atenção despertada pelas palavras que lhe são ditas, Felipe levanta a cabeça e igualmente surpreende-se com aquela presença inesperada. Trata-se de Louis, o esposo de Cécile.

– Louis!

– Eu mesmo, Felipe! Mas é assim que me recebe?! Isso são modos? Vai ficar aí olhando-me com essa cara de espanto? Por acaso não sou digno do abraço do amigo?

– Certamente que é digno!

Os dois abraçam-se.

– Assim está melhor – diz, Louis. – Por que não aproveitamos esse resto de tarde e conversamos, colocando os assuntos em dia? Não nos vemos desde o meu casamento, ao qual você compareceu apenas na cerimônia religiosa, devo lembrar-lhe.

– Assuntos urgentes esperavam-me na Itália... não podia adiar a viagem.

– Pois saiba que perdeu uma bela festa!

– Eu acredito.

– Mas vamos nos sentar aqui mesmo. Não quero conversar em pé e acho que você também não, certo?

Os dois amigos sentam-se e é o marquês quem dá início à conversação.

– Como estão você e Cécile?

– Muito bem. Diria que melhor é impossível. Cécile é uma mulher encantadora, Felipe. Devotada, amiga, conselheira... A doçura lhe é natural e não é vulgar como as outras mulheres que conheci. Você é testemunha de como era o meu comportamento antes de enamorar-me por ela...

quantas coisas não fizemos juntos nas festas, em companhia das damas, lembra-se, marquês?

– Como eu poderia esquecer?

– Cécile transformou-me. Hoje dedico-me ao trabalho, à administração de meus bens, e, especialmente, à mulher de minha vida! Você deveria casar-se também, meu amigo.

– Ainda não julgo ser o momento.

– Cécile apenas não se apraz com a vida na corte ou com festas e reuniões da sociedade. Poucas foram as vezes em que compareceu comigo nessas ocasiões. Quase sempre estou sozinho... mas, respeito-lhe a decisão. Também não acho prudente expô-la em meio à futilidade que sabemos existir entre a nobreza. Você sabe, tanto quanto eu, que para salvaguardarmos as boas relações e o futuro dos negócios precisamos freqüentar esses lugares e bajularmos um ou outro nobre mais influente junto à sua majestade. Cécile não saberia lidar com esse tipo de atitude.

– Sua esposa, portanto, é um preciso tesouro, meu amigo.

– De fato, Felipe, Cécile é uma jóia de inestimável valor. Ela é diferente da maioria das mulheres de nossa época. Veja você, que uma de suas maiores alegrias é estar auxiliando frei Domênico, aquele velho franciscano que foi muito amigo de seu pai, num trabalho de ajuda aos pobres. A meu ver, acho que ela dá uma importância demasiada a essa atividade, eu mesmo não faria tanto, mas ela insiste e eu não posso negar-lhe aquilo que a faz tão feliz – e após breve pausa, continua – Mas, falemos agora de você, Felipe. Como está o meu bom amigo? Notei-o preocupado quando cheguei.

– Preocupado? Não, de maneira alguma. Estava apenas refletindo em algumas colocações que me foram feitas...

– Problemas com os vinhedos?

– Não. Nos negócios tudo vai bem. Pensava, justamente, em frei Domênico, com o qual estive ainda hoje.

– Ora, por que o religioso merece estar ocupando lugar em sua mente?

– Não me conformo com as idéias daquele frade, aliás, idéias semelhantes às de meu pai. Por que defender um sonho impraticável de maneira tão forte e dizer-se feliz com isso?! "Quero ser apenas um instrumento" disse-me ele... o que aquele velho vai lucrar em meio aos miseráveis?! Ele está desperdiçando tempo. Já poderia, se quisesse, ter alcançado altas posições no círculo da Igreja. Por que teimar em ser diferente dos demais? Até mesmo o prior da ordem já enxergou a realidade atual. Ao chegar no mosteiro fui recebido pelo superior e notei-lhe a índole gananciosa... não pude deixar de alfinetá-lo em seu orgulho, o que me custou uma sutil repreensão e uma doação forçada às obras da Igreja, que se traduzem, na verdade, no aumento do ouro nos cofres das sacristias, já abarrotados! Sei, muito bem, onde esse dinheiro será utilizado...

– Felipe, você não deveria preocupar-se tanto com esse frade italiano e também não deveria ter feito uma doação de maneira tão imediata. Esse donativo forçado demonstrou, na verdade, uma fraqueza sua que jamais deveria ser notada por aquele prior, que aproveitou-se de sua inexperiência no trato com os clérigos, inexperiência essa que também eu possuía.

– A Igreja ainda detém poder, Louis. Não é prudente desafiar um superior de uma ordem... Não o conheço muito bem, mas acho que é influente perante alguns membros da nobreza.

– Engano seu. O prior dos franciscanos só exerce influência sobre as velhas beatas de Versalhes, de mentalidade ultrapassada. Eu também pensava como você até algum tempo atrás, mas pude perceber que a Igreja já não é tão poderosa como imaginava. Ela está derrotada. Há quinhentos anos, tudo girava em torno dela, mas hoje isso acabou. Nem mesmo perante os reis ela exerce tanto domínio atualmente. Estamos vivendo uma nova era, a era da razão, do pensamento lógico e livre, sem superstições tolas. A Igreja terá serventia apenas para os incultos, para os miseráveis que continuarão a fazer tudo o que ela disser. Para nós, que estamos à frente do mundo, ela será uma arma para a contenção das massas, apenas isso. Os homens aproveitaram-se das palavras ditas pelo carpinteiro de Nazaré e construíram uma instituição unicamente preocupada com o ouro. Enquanto os alimentarmos com o "vil metal", os dominarmos com a intriga ou com a ameaça da revelação de algum grave segredo deles, seus representantes farão tudo o que quisermos, sempre submissos a nós. Por isso, marquês, os religiosos dependem dos nobres e não o contrário. Aquele prior não oferece perigo algum hoje em dia. Todos eles têm uma falta séria a expiar. Descubra essa falta e os terá nas mãos, sem a necessidade de usar o recurso amoedado, o que nos é muito mais lucrativo. As fogueiras estão caindo por terra!

Felipe passa a analisar, por alguns minutos, a colocação do amigo, percebendo que ele tem razão.

– Quanto a Domênico, – continua Louis – não se preocupe. Ele é o mais inofensivo de todos. Se o velho frade se compraz com a condição de idiota, deixe-o. Sabemos que suas idéias são sonhos e o mundo é realidade. Sonhos nada constroem e não temos tempo para perder com tolos decrépitos.

– No entanto, Cécile participa dos sonhos dele.

– Na medida certa, meu bom e fiel amigo. Se algum dia ela passar dos limites, saberei como acordá-la para a realidade. Lembre-se, marquês, você tem servos entre os clérigos, não senhores. Você os comanda, não eles a você. Foi-se a época de sermos tementes à Igreja... ela é que nos teme agora.

– Você está certo.

– É claro que estou! Deus foi derrotado, se é que algum dia Ele existiu. O livre pensar e o ouro são os nossos únicos deuses! Se frei Domênico encontra felicidade na maneira em que vive, ótimo! Agindo como faz ele não representa para nós nenhum obstáculo. Muito pelo contrário, ele nos poupa o trabalho desagradável do contato mais direto com os miseráveis. E se alguns dos nossos, como foi o caso de seu pai e é o de Cécile, desejam ajudá-lo, deixemos que assim seja. Dessa forma, nossas famílias serão bem vistas pela ralé, que será eternamente grata a nós e não nos fará mal algum.

– Teme que, um dia, a população se rebele contra a nobreza?

– Podemos esperar qualquer coisa do povo, por isso quero estar sempre prevenido. Eles não têm cultura alguma, muito menos capacidade de raciocínio, mas, incitados por algum defensor um pouco mais esclarecido, podem se tornar agressivos e cometerem atos bárbaros. Sabemos que isso já aconteceu em outras ocasiões, com outros povos. Por que a França estaria isenta disso? Se raciocinarmos friamente, veremos que é um risco que corremos.

– Por que não deixarmos de lado, então, os assuntos mesquinhos e falarmos do nosso reino? – propõe o marquês.

– Ótima idéia! Vamos nos preocupar com o que nos interessa de verdade.

– Acha que nosso rei, Louis XVI, com o qual ainda

não tive oportunidade de me avistar, está sabendo administrar os nossos interesses?

– Sua majestade é um fraco, um fantoche. Deixa-se dominar facilmente pela esposa... sempre fará tudo o que Maria Antonieta ordenar. Ele é apropriado para exercer a função de bobo da corte, jamais a de rei! Se a rainha ainda fosse uma mulher sensata... Mas estou certo de que a nobreza saberá agir se for necessário. Estamos há apenas um ano de um reinado que ainda não nos apresenta perigos. Aguardemos para ver como isso vai terminar.

– Meu bom Louis, até o rei está sob nosso domínio!

– Exatamente, marquês. Somos os donos do reino, os senhores da França, e temos que agir como tais. Você bem sabe que a morte de seu pai trouxe-lhe imenso poder às mãos, não é necessário que eu lhe recorde isso. Use-o em sua totalidade, jamais se rebaixe e redobre seu orgulho e sua altivez. Você é o senhor de Saint-Michel! Seu pai, com todo o respeito, foi humilde demais... não caia nos mesmos erros de Jean. E eu sinto-me honrado por ser seu amigo.

– O melhor dos amigos! Por isso mesmo é que quero convidá-lo para uma recepção em meu castelo, daqui a cinco dias. Quero celebrar o meu retorno com festividade digna de um marquês, recordando a todos que estão diante de alguém poderoso e privilegiado, que jamais voltará a enfraquecer-se diante de um prior presunçoso que, na verdade, não passa de um lacaio, e muito menos de um frade curvado pelo peso dos anos de loucura vividos!

– Conte comigo, senhor marquês de Saint-Michel. E também com Cécile. Não poderemos deixar de prestigiá-lo nessa ocasião. Farei com que, a esta festa, minha esposa esteja presente.

No dia seguinte, ao invés de enviar o mensageiro, Felipe retorna ao mosteiro para pessoalmente entregar ao prior o donativo prometido na véspera.

– Vou anunciar sua presença, senhor marquês – diz-lhe o frade porteiro, recebendo-o com mesuras.

– Não é necessário, irmão.

– O prior insiste para que assim seja, senhor. Não posso desobedecer-lhe.

– Nem mais uma palavra, velhote! – diz, agressivamente. – Farei como eu quiser e ninguém me impedirá. Não ouse desafiar-me.

Assustado, o ancião afasta-se, deixando o caminho livre para Felipe, que entra, bruscamente e sem cerimônias, no gabinete do superior da ordem, surpreendendo-o abraçado a uma dama, em gesto muito íntimo para um religioso. Imediatamente o frade, lívido e trêmulo, separa-se da mulher, como se estivesse divisando um fantasma. O marquês percebe, então, que aquela é a oportunidade perfeita para reverter a situação criada no dia anterior, quando demonstrara-se fraco.

– Que maneira original para se receber a confissão, frade!

– Senhor marquês... não o aguardava...

– É claro que não. Esperava meu serviçal. Mas eu resolvi vir pessoalmente e vejo que não poderia ter escolhido hora melhor para isso.

– Essa... essa... – tenta explicar-se o prior – ...é a duquesa de...

– Duquesa?! Eu não sabia que as cortesãs agora atendiam por outro nome. Esquece-se, meu bom homem, que eu conheço a corte melhor que você? E entre os nobres, quem nunca esteve na presença de *mademoiselle* Pauline, a preferida dos abastados? Como vai, Pauline? – pergunta Felipe à mulher.

– Muito bem, senhor, obrigada.

– Jamais imaginaria encontrá-la aqui! O que acontece com você? Interessada nesse aí, velho e gordo?

– O marquês sabe que não faço distinção se a quantia oferecida por meus préstimos for satisfatória.

– Continua perspicaz como sempre, minha querida Pauline. Saiba que hoje prestou a mim um imenso favor, sem mesmo o saber. Vê esta bolsa farta? Pretendia fazer uma doação ao "santo homem" que está aqui conosco, nesta sala. Acredito que quem a mereça, agora, seja você e não ele... tome!

Felipe, com ar triunfante e sorriso nos lábios, entrega à cortesã a bolsa. O frade mal pode acreditar no que está acontecendo.

– Por favor, Pauline, deixe-nos a sós agora.

– Como quiser, marquês – fala a mulher, que retira-se do gabinete, sorrindo maliciosamente.

– Meu bom prior, vejo que cometeu dois pecados hoje, além dos muitos outros que já deve ter cometido: luxúria e mentira!

– Senhor marquês... permita-me uma explicação...

– Qualquer explicação seria sem sentido, não acha? Você é sujo, como qualquer outro de sua espécie!

– Eu exijo respeito, senhor. Estamos na casa de Deus!

– Exige respeito? Quem é você para exigir alguma coisa? E, além do mais, não fui eu quem primeiro maculou a "casa de Deus", certo?

Desconcertado, o frade silencia, sem argumentos.

– Agora nossas posições estão bem claras, presumo. Não seria bom para você que eu revelasse o que vi a outras pessoas, não é mesmo?

– Certamente, senhor...

– Ótimo! Isso é o começo de um bom relacionamento.

Nesse momento, o marquês de Saint-Michel, em posição altiva e orgulhosa, estende a destra para o prior, que fica a olhá-lo, perplexo, sem esboçar o menor movimento.

– Vamos logo, frade, – ordena Felipe – beije-a!

– O quê?!

– Isso mesmo o que acaba de ouvir, beije-a e, de joelhos!

Sem outra alternativa, o frade obedece ao marquês.

– Assim é bem melhor. Diga-me, agora, quem de fato é o superior?

O religioso, de joelhos e cabeça curvada, nada responde. Felipe começa a retirar-se, não sem antes despedir-se:

– Até mais ver, frade. Quando precisar de seus serviços, volto a lhe procurar.

4

Sentimento revivido

As aves buscam o refúgio dos arvoredos. O poente, com seu tom alaranjado, anuncia o findar de mais um dia. Logo o céu se vestirá de negro, pontilhado pelo brilho das longínqüas estrelas.

Os frades do Mosteiro de Nossa Senhora da Conceição terminam seus afazeres. Brevemente se reunirão na capela para as orações noturnas. Mas, enquanto a igreja ainda se encontra vazia, duas pessoas estão em seu interior. Tratam-se de irmão Domênico e Cécile.

A jovem dama, na graciosidade de seus vinte anos, está ultimando os preparativos para as preces da noite, terminando de acender algumas velas no altar-mor, seguida de perto pelo franciscano amigo. Quem a vê naquele momento tem a impressão de que um ser angélico descera da glória celeste à degradação terrena para iluminar com sua luz a miséria humana. O vestido longo nos suaves tons do pérola, com delicados bordados, e o véu rendado que lhe cobre os cabelos cuidadosamente penteados, realçam-lhe a beleza natural.

– Cécile, mais uma vez devo agradecer-lhe a sincera

dedicação. Graças ao seu concurso podemos atender as pessoas que chegam aqui, às portas do mosteiro, para receberem o prato de sopa de suas mãos caridosas. Que Deus a abençoe sempre, minha filha.

– Irmão Domênico, foi com o senhor que aprendi a ser uma servidora de Cristo, ou melhor, estou tentando ser uma serva fiel. Por isso os méritos não são meus.

– Certamente. Todos estamos nos esforçando para realizar o que o Mestre nos pede. Portanto, deixemos os méritos para quem realmente os merece. Bendigamos ao Senhor. Nada somos sem Ele.

– Pronto! – diz a jovem após acender a última vela. – Terminei mais esta tarefa. O altar já está iluminado para logo mais. E ainda tenho alguns minutos para a nossa conversa costumeira.

– Pois então nos acomodemos, filha.

Sentados ali mesmo, num dos bancos da capela, os dois devotados e sinceros trabalhadores da causa cristã iniciam conversação.

– Sinto-me imensamente feliz, frei, em aqui estar. São momentos preciosos de paz que desfruto. Aqui encontro forças para a vida diária.

– Com o Cristo em nossos corações, Cécile, jamais nos faltarão fortaleza e coragem.

– Disso estou certa. A Ele constantemente tenho recorrido. Muito já consegui e sei que ainda mais conseguirei. Louis tem se mostrado um dedicado companheiro e percebo que em meu marido boas transformações já se operaram, mas gostaria que ele se modificasse ainda um pouco mais. Não aprovo certos métodos utilizados por ele para obter favores ou benefícios nos negócios, métodos esses tão comuns em nossos dias, eu sei, mas que são claramente contrários às lições religiosas que conhecemos. Gostaria, igualmente, que ele visse a Igreja com outros olhos...

– Coloque tudo nas mãos de Deus, filha, e dê tempo ao tempo. Também tenho pedido muito ao Senhor por um amigo nosso em comum, o qual tenho à conta de um filho. Falo de Felipe, que esteve comigo recentemente e deixou-me muito entristecido e preocupado. Também ele é arredio no que diz respeito à religiosidade.

– Isso parece ser um mal que acomete a todos aqueles que detêm posses materiais nas mãos e que somente nelas vêem a razão da existência.

– Raros são os "Zaqueus" em nossa época, que são capazes de enxergar no Cristo uma luz maior para suas vidas... mas creio, igualmente, que nós, clérigos, temos a nossa parcela de culpa nisso tudo. Infelizmente, Cécile, nós nos deixamos levar pelo sabor das circunstâncias e pelo falso brilho do ouro do mundo, esquecendo-nos de ajuntarmos as moedas do tesouro imperecível que jamais será corroído pela ferrugem do orgulho e da ambição.

– Por que diz isso, irmão Domênico?

– Porque a Igreja deixou-se corromper pelo mundo transitório, não há como negar isso, infelizmente. E, em nosso mundo, os maus exemplos ainda são aqueles que ficam gravados com maior impressão na mente humana. Se os cristãos são capazes de agir incoerentemente em relação ao Evangelho, é porque primeiro a Igreja já agiu com incoerência. Não há lógica em pregar bondade e humildade quando a instituição acumula mais posses a cada dia que passa e se omite em relação aos mais necessitados. Se ela mesma prefere a companhia dos poderosos da Terra, por que os homens haveriam de portar-se de maneira diferente? O ideal seria fazer como o Mestre: pregar e agir, mostrando na prática o sentido das palavras.

– Mas existem aqueles que procedem diferentemente.

– Sim, filha, graças a Deus, mas ainda são poucos... E esses são esmagados pela maioria dos que preferem as mundanas convenções, sendo esquecidos com facilidade. Ou então, quando sobrevivem na lembrança dos homens, estes últimos glorificam suas renúncias, achando suas vidas um belo exemplo, mas limitam-se somente a isso e não entendem que deveriam seguir esses exemplos. Sabem, intuitivamente, que a tarefa de amor exige sacrifício e temem o testemunho. Preferem fugir e deixar o trabalho para amanhã. Onde estão as Marias, as Madalenas, os Franciscos de Assis e Antônios de Pádua de nossos dias?

Há uma pausa na conversa. Cécile e irmão Domênico passam a refletir sobre aquelas conclusões.

Momentos depois, é o frade que interrompe o silêncio:

– Infelizmente, não haverá outra saída para a humanidade a não ser a dor, essa mestra que nos ensina verdadeiramente. Será através dela que o homem aprenderá a enxergar Deus.

– Mas o senhor é um desses raros exemplos de abnegação, frei, tenha a certeza disso.

– Cécile, não deixemos que o nosso coração seja envolto pela presunção que é capaz de nos perder. O que faço é muito pouco para um pecador da minha linhagem. E como já lhe disse, somos instrumentos nas mãos de Jesus, sem o qual nos tornamos simples grãos de areia. Ainda tenho muito a expiar.

E olhando para o alto, como se procurasse os olhos do

Senhor, frei Domênico, emocionado, vai buscar no pensamento as lembranças do passado:

– Ainda jovem – diz, com pesar – ingressei na ordem religiosa dos dominicanos, levado, não pela devoção sincera, mas pelo deslumbramento. A vida numa comunidade religiosa parecia-me extremamente magnífica. Obter conhecimento, usar o hábito, participar ativamente do ofício da missa, freqüentar igrejas suntuosas e ricos mosteiros... O poder seduziu-me e não a fé. Procurava a companhia dos abastados e ignorava os necessitados que acorriam até mim, vez ou outra, e encontravam sempre fechadas as portas de meu coração. Assim vivi por muitos anos... Certa vez, retornando da casa de um nobre italiano em minha carruagem, algumas pessoas do povo, identificando-me dentro do veículo, fizeram com que o cocheiro parasse e começaram a pedir-me: "Padre, venha depressa, por misericórdia! Uma velha agoniza em sua choupana e não terá oportunidade de confessar-se. Em nome de Deus, padre, dê a ela os últimos sacramentos". Contrariado, mas temendo alguma reação mais agressiva por parte das pessoas, desci do carro, pedindo ao condutor que me aguardasse, pois não me demoraria. Aquelas pessoas, vítimas da pobreza, causavam-me forte impressão. Suas roupas sujas e rasgadas exalavam cheiro desagradável. O lugar onde moravam tinha terrível aspecto: casas velhas, ruas enlameadas, becos sinistros... Entrei, então, numa casa miserável, talvez a mais miserável de todas as existentes ali e fui conduzido até um cômodo que servia de quarto para uma anciã. Deitada num leito imundo, tive horror em aproximar-me daquela infeliz, mas, como que percebendo minha presença, ela lançou o olhar em minha direção, com dificuldade, e me disse essas palavras: "Padre, seja o vosso coração reflexo da manjedoura do Salvador. Atenda, padre, às recomendações de Jesus e não às dos homens falíveis... Mais lhe valerá o pouco com Deus, do que o muito sem Ele... De que lhe adiantará o que tem se, no final de tudo isso, perder a vossa alma?... *Estive com fome e me destes de comer, estive com sede e me destes de beber, estive desalojado e me alojastes, estive nu e me vestistes, estive doente e me visitastes, estive preso e fostes me ver... quando fizestes isso a um destes pequeninos do mundo, é a mim mesmo que fizestes...* Não preciso de vossa extrema unção, sacerdote. Cristo está em meu coração... Acaso, está Ele no vosso?" Depois de dizer-me estas coisas, entregou o Espírito a Deus. Completamente lívido, totalmente desconcertado, voltei apressadamente para a carruagem e segui meu caminho, sem me esquecer do acontecido. Aquelas palavras haviam perturbado-me sobremaneira. Durante várias noites a imagem daquela mulher não me saía da cabeça. Na grande biblioteca da ordem, passei a consultar diversos livros, entreguei-me avidamente aos estudos para tentar esquecer, mas tudo era em vão. Jamais encontrei tanta clareza de pensamentos como naquela senhora à beira da morte. Percebi que estivera enganado durante aquele tempo todo. De fato, o Cristo, a quem pretendia servir, jamais precisou do ouro ou do poder transitório para semear o amor. Qual a necessidade de grandiosas construções para levar a palavra de Deus, se Jesus preferia as praias, os montes, a barca de Pedro? Por que colocar sobre as nossas cabeças as mitras brilhantes se o Senhor recebeu uma coroa de espinhos? Por que nos apoiarmos em báculos reluzentes se o Redentor, na hora do sacrifício, nem mesmo pôde apoiar-se nos amigos acovardados? Por que buscar o trono dourado se o Mestre aceitou, apenas, o lenho da cruz?

"Foi então que procurei repensar minhas atitudes e resolvi expor minhas novas idéias à comunidade dominicana... Ah! pobre de mim, quão ingênuo fui. Meus irmãos da ordem passaram a ver-me com os olhos da desconfiança e da antipatia. Os que mais julgava meus amigos afastavam-se de mim. Em pouco tempo aquele lugar tornou-se hostil. Foi então que, analisando profundamente a vida de São Francisco de Assis e sua proposta, decidi mudar de ordem. Pedi permissão a meu superior e o mesmo aceitou minha decisão, sem titubear. Em meio aos frades esperava encontrar vivas as tradições do *Poverello**... ledo engano! Muita coisa está mudada entre os franciscanos da atualidade. Mas nessa ordem encontrei, graças ao Senhor, uma relativa flexibilidade e tenho trabalhado segundo minhas convicções, tentando corrigir os enganos dos quais fui vítima. Se não posso modificar meu semelhante, posso mudar a mim mesmo e, aliás, tenho muito o que mudar ainda. Mas, tenho fé que, um dia, mais pessoas também compreendam aquilo que me foi revelado por uma humilde mulher que hoje está na companhia de Nosso Senhor."

Levada pela emoção do momento, Cécile, em sinal de respeito, beija as mãos calejadas do velho frade.

– Tenha paciência, filha. Esperemos no Senhor. Um dia, todos os que amamos haverão de compreender.

Irmão Domênico, nesse momento, deixa rolar dos olhos as lágrimas represadas, tendo na mente a figura do finado marquês Jean, pai de Felipe, que lhe sorri serenamente.

O castelo da família Saint-Michel abre suas portas para a aristocracia francesa, cinco dias após o encontro de Felipe e Louis em Versalhes. Como prometido ao amigo, o marquês recebe a todos numa festividade realmente digna de um membro da nobreza, em comemoração ao seu regresso.

Já nas primeiras horas da noite o movimento nos jardins do castelo é grande. Carruagens chegam a todo instante,

---

* *Poverello:* um dos títulos dados a São Francisco de Assis, em italiano, que quer dizer "pobrezinho", fazendo alusão à pobreza extrema em que ele vivia.

trazendo damas e cavalheiros elegantemente trajados. Casais de braços dados circulam pelo enorme salão, todo ornado com flores, cumprimentando os conhecidos. Aqui, um grupo de homens discute política; ali, algumas jovens exibem seus brocados, falando sobre as tendências da moda. Num outro canto, importantes damas da sociedade, com seus exuberantes vestidos, sentadas em elegantes poltronas, tomam refrescos e fazem comentários sobre a recepção, observando a todos os presentes de maneira muito discreta. Sorrisos e olhares maliciosos são comuns num outro grupo de convidados, indicando que os mesmos já começam a tecer sua rede de intrigas. Belas senhoritas, na timidez peculiar daquelas que iniciaram sua vida social recentemente, procuram despertar a atenção dos rapazes galanteadores e ousados, movendo-se com graciosidade e manejando o leque com suavidade.

A decoração da festa realça, ainda mais, a luxuosidade do castelo. Todos os lustres dourados, com capacidade para duzentas velas cada um, estão iluminando o recinto festivo. Colocados sobre colunatas, vasos de mármore com rosas vermelhas a exalar delicado perfume estão espalhados por todo o salão. Os criados servem as iguarias preparadas para o paladar exigente dos nobres em bandejas de prata e o vinho é trazido em delicadas taças de finíssimo cristal. Em mesa ornamentada estão os principais pratos que ainda serão saboreados, entre eles o faisão assado. Os doces são os mais variados.

Figuras influentes da França, duques, condessas, viscondes e baronesas são entretidos por uma orquestra de câmara que executa suaves composições, ideais para a ocasião.

O anfitrião recebe com cordialidade a todos:

– Duquesa de Montpellier, estou imensamente feliz por ter vindo! – diz Felipe a uma das convidadas que acaba de chegar.

A dama, que usa rico vestido rodado de corpete ajustado, em tons amarelo e dourado e uma peruca branca de cabelos encaracolados erguidos e presos, estende a destra para o nobre, enquanto abana-se com um leque rendado nos mesmos tons do vestido, cujas varetas estão incrustadas de madrepérolas. O marquês de Saint-Michel, obedecendo às regras do cavalheirismo, curva-se e beija delicadamente a mão da dama, que esboça leve sorriso.

– É bom tê-lo de volta, Felipe. Ninguém, em toda Paris, sabe oferecer festas como você. A vida estava tornando-se enfadonha com a sua demorada ausência.

– Muito lisonjeador de sua parte, madame. Tenha a certeza de que, por um bom tempo não mais os deixarei órfãos e as portas de meu castelo estarão abertas para recebê-los.

– Pelo que posso notar, essa recepção grandiosa endossa o que acabo de dizer a seu respeito.

– Espero que tudo lhe agrade.

– Tenho certeza disso, marquês. Como está Nápoles?

– Sempre encantadora! Assim como a duquesa.

– Vejo que jamais perderá oportunidade alguma para os galanteios. O marquês trouxe algum *castrato** italiano para nos deleitar nesta noite?

– Não, madame, infelizmente, apesar de tê-los ouvido nesta minha última viagem. São poucos os franceses que os apreciam. A maioria acha a voz desses cantores artificializada, considerando-os aberrações ridículas. Não quero indispor-

* *Castrato:* castrado, em italiano. Cantores que dominaram a Itália e a Europa dos séculos XVII e XVIII com sua arte vocal, também chamados de eunucos-cantores. Como às mulheres italianas eram proibidos os cantos, acreditava-se que a castração pudesse conservar a voz masculina semelhante à feminina ou à das crianças.

me com a sociedade, por isso, teremos que nos contentar com os músicos.

– Os que criticam os *castrati** são tolos! Acho que eles, apesar da deformação, têm gargantas e sons vocais de rouxinóis; são fôlegos de nos fazer perder o chão e quase nos tirar o ar!

– Também compartilho de sua opinião.

– Para mim, a França tem inveja dos italianos por terem descoberto os *castrati*... por isso é que os repelem tanto!

Quando Felipe está prestes a continuar o diálogo com a dama, tem a atenção despertada para um casal que está entrando no salão. Trata-se de Louis e Cécile. Desculpando-se com a amiga, Felipe pede licença para que possa receber os recém-chegados.

Todos os convidados impressionam-se com a beleza da jovem Cécile, inclusive o marquês: olhos azuis, cheios de uma ternura sobre-humana, rosto delicado, negros cabelos cacheados, pele clara, corpo esbelto, graciosidade no andar e nos movimentos. O vestido azul celeste com bordados brancos que usa na ocasião e os delicados fios de pérola que lhe emolduram os cabelos, tornam-na ainda mais bela.

Felipe aproxima-se e, impressionado, beija as mãos da esposa de Louis. Cécile faz delicada reverência ao marquês, sendo acompanhada no gesto pelo esposo.

– Por favor, – diz o anfitrião – peço que não sejam tão rigorosos com os costumes. Vocês não precisam se curvar. Somos amigos.

– Obrigado, Felipe. – agradece Louis.

---

* *Castrati:* plural de castrato em italiano.

– Como vai, Cécile?

– Bem, Felipe. Estamos felizes com seu retorno. Seja bem-vindo.

– Obrigado. Devo-lhe desculpas por não haver comparecido nas festividades de suas bodas.

– Não há nada para ser desculpado. Louis já explicou-me que o marquês assim agiu por questões de força maior.

– Fiquem à vontade. Vou receber mais alguns convivas, se me permitem.

– É claro, meu amigo. – diz Louis.

– Mas antes que eu me vá, gostaria de falar-lhe, Louis, um instante apenas, se Cécile não se importar.

– De maneira alguma – responde a jovem. – Vou sentar-me ali, próximo aos músicos. Com licença.

– O que quer me contar, Felipe? – pergunta Louis, após a saída de sua esposa.

– Quero agradecer-lhe a aula sobre "como tratar os clérigos"... ela foi de grande valia. Imagine você, que no dia imediato à nossa conversa, fui pessoalmente ao mosteiro franciscano e surpreendi o prior numa atitude pouco comum para um religioso.

– Que atitude?

– Abraçado à Pauline.

– A cortesã?!

– Essa mesma.

– Mas que sorte a sua, meu bom amigo!

– Agora eu o tenho em minhas mãos.

– É exatamente assim que deve ser, Felipe. Nós é que estamos no comando, lembre-se sempre.

– Com licença, Louis. Mais convidados estão chegando – diz o marquês, retirando-se com malicioso sorriso nos lábios.

Após o rápido diálogo, Louis vai para junto da esposa.

– Quer que eu lhe traga algum refresco ou uma taça de vinho, Cécile?

– Não, obrigada.

– Querida, sei que não gosta dessas festas. Só estamos aqui por causa de Felipe, pelo qual tenho muita estima.

– Não estou reclamando, meu marido, de forma alguma.

– Precisarei cumprimentar alguns conhecidos. Virá comigo?

– Certamente. Apenas serei comedida nas palavras. Você bem sabe, Louis, que essas festas são palco de intrigas e assuntos muitas vezes desagradáveis... eu não gosto desse tipo de situação. Justamente por isso evito freqüentar os ambientes festivos. Ah! Como gostaria que você não se envolvesse tanto nesses hábitos...

– Cécile, certos hábitos ainda são necessários em nossa sociedade. Se não me submetesse a eles, nunca disporíamos de boas relações que nos ajudam em nosso viver diário. Mas você é ingênua demais para entender isso.

– Não haveria um meio, Louis, de conseguir benefícios de outra maneira? Agora há pouco pude observá-lo conversando com Felipe. Em nada me agradou os sorrisos de vocês. Felipe é nosso amigo, não posso julgá-lo, mas ele se envolve demais nos costumes que denigrem a nossa sociedade.

– Minha esposa, sei até que ponto posso chegar. Nada farei que nos prejudique. Peço a você que apenas conserve sua meiguice, não insistindo em assuntos que não consegue compreender. Vivemos como ovelhas em meio a lobos, Cécile... é preciso sermos mais espertos que os lobos! Sei o que estou fazendo. Agora, venha comigo. Vamos cumprimentar alguns dos convivas.

Cécile, atendendo ao pedido do marido, levanta-se e sai com ele de braços dados. Seu coração está aflito. Como gostaria de ver Louis livre daquelas idéias. Ela sabe que entre a aristocracia reina a falsidade em absoluto e que essa mesma aristocracia está cheia de perigosas armadilhas disfarçadas em flores. Teme por Louis, pelo seu futuro. Quantas histórias já não ouvira de pessoas ligadas aos nobres que tiveram suas vidas destruídas por essa mesma nobreza que bajulavam. Só que Louis parece já possuir uma opinião formada sobre o assunto, difícil de ser modificada. Por isso mesmo, só resta a Cécile pedir a intercessão de Deus pelo seu marido.

Aproveitando-se de uma pausa da orquestra, o marquês dirige-se aos convidados, de maneira geral:

– Bons cavalheiros, gentis damas. É com imenso júbilo que recebo a todos nesta noite, realmente satisfeito por estar de volta a Paris. Quero afirmar-lhes que o castelo de Saint-Michel está novamente à disposição dos bons franceses e oportunidades não faltarão para que possamos desfrutar de ocasiões como estas. A todos o meu muitíssimo obrigado pela presença e divirtam-se.

Nesse instante, efusivos aplausos se fazem ouvir no salão festivo. Felipe, orgulhoso, agradece aos convivas e faz sinal para que a orquestra volte a executar as melodias.

– Marquês, por que não executa um número para nós?!– pede um dos muitos ali presentes, antes que a música comece.

– É mesmo! Ficamos privados de sua arte por muito tempo! Agracie-nos com uma composição para flauta, instrumento o qual domina com verdadeira maestria – pede uma outra convidada.

– Certamente, meus amigos. Servo, traga imediatamente minha flauta. – ordena Felipe, que recebe das mãos de um dos serviçais o instrumento musical de sopro.

O marquês de Saint-Michel posiciona-se, de pé, em frente a uma estante que contém a partitura onde está grafada a música e, antes que comece a execução, solicita um acompanhante para tocar o cravo:

– Madame Cécile Lorrain, minha boa amiga, concederia a honra de acompanhar-me?

Cécile surpreende-se com o pedido. Recusá-lo seria uma grande indelicadeza para com o anfitrião. Constrangida, a jovem dama dirige-se ao instrumento, não sem antes receber o consentimento de Louis.

Felipe puxa a cadeira para que Cécile sente-se junto ao cravo.

– Sei que é excelente cravista – afirma Felipe. – Foi por isso que a escolhi. Espero que não tenha sido ousado...

– Não houve ousadia alguma, marquês. Eu lhe agradeço e sinto-me lisonjeada em poder acompanhá-lo.

Os dois executam um melancólico adágio*, de extrema beleza, encantando a todos.

A jovem, dedilhando com suavidade e precisão as teclas do instrumento barroco, desperta a atenção dos convidados pelo seu porte elegante. Ninguém deixa de notar a pre-

* *Adágio:* trecho musical de andamento vagaroso.

sença marcante daquela dama realmente bela. Felipe, inclusive, não consegue parar de admirá-la, mesmo tocando flauta, o que quase ocasiona um erro na leitura da partitura musical quando o marquês mais se entrega à admiração.

Ao término da música, os dois executantes são aplaudidos demoradamente pelos convidados. Felipe toma a mão de Cécile e a beija suavemente, seguindo os ditames da mais refinada etiqueta. Agradecendo, a esposa de Louis volta para junto de seu marido, que a recebe com um beijo na fronte, mal disfarçando o orgulho de tê-la como sua companheira.

A festa segue seu curso normalmente, mas o marquês de Saint-Michel, a partir de então, não consegue mais deixar de buscar com o olhar a figura de Cécile, que anda com o esposo pelo salão.

Alta madrugada. O castelo de Saint-Michel, antes festivo e risonho, agora está envolto no silêncio. Alguns serviçais terminam de limpar as dependências que haviam recebido a nobreza de Paris, recolhendo taças e restos de comida.

Felipe está em seus aposentos. Vestindo trajes de dormir, deitado em sua confortável cama, não consegue render-se ao sono. Vira-se de um lado para o outro, os olhos estão abertos. Em dado instante levanta-se, indo em direção à janela. Abre as cortinas e depois a vidraça, recebendo na face o vento frio da noite. O marquês não consegue retirar da mente o meigo semblante de Cécile Lorrain.

"Ainda a amo..." – pensa. – "Não consigo dominar esse sentimento e enterrá-lo para sempre dentro de mim... Ah! Cécile... Amo-a perdidamente, desde o instante em que a vi pela primeira vez. Como a desejo! Nem mesmo a minha estadia na Itália fez com que eu esquecesse essa mulher... a viagem não foi capaz de sufocar meu amor por ela... Ah! Sangra, maldito coração, sangra!"

As lembranças do passado atormentam o cérebro de Felipe. Cenas de uma festa onde Cécile é apresentada à sociedade parisiense insistem em repetir-se na mente do marquês. Como está encantadora a jovem que conta, na ocasião, quinze primaveras! Quando a vê em sua formosura, estremece interiormente. Enamora-se por ela naquele exato momento. Mas os prazeres proporcionados pelas conquistas amorosas, às quais coleciona sem grandes envolvimentos, falam mais alto. Procura esquecê-la, julgando-se vítima de um momento de devaneio infantil. Volta para os braços de suas amantes a fim de não perder a fama de grande conquistador, fama que, a seu ver, é muito importante, pois lhe garante notória posição junto à decadente nobreza, tão acostumada a valorizar e a coroar de louros aqueles que se entregam ao amor licencioso.

O tempo passa e Cécile assume compromisso com Louis Lorrain, um dos muitos amigos de Felipe. Também acostumado às práticas menos felizes no campo amoroso, Louis, ao conhecer a jovem, tem a coragem que o marquês não foi capaz de ter: abandona a vida de luxúria e passa a dedicar-se somente à sua amada. Felipe, ao ser informado pelo próprio amigo de seu compromisso com Cécile, surpreende-se, finge contentamento, mas o ódio o corrói por dentro. Sente inveja de Louis. Mais transtornado ainda fica com o casamento dos dois. Alegando compromissos urgentes, afasta-se de Paris.

Mas agora, reencontrando Cécile, o sentimento que nutre por ela revive em seu coração, de maneira ainda mais forte.

5

Com os camponeses

Em frente aos portões do mosteiro dos franciscanos, numa agradável tarde, uma carruagem está aguardando, há alguns minutos, por frei Domênico. Dentro em pouco, surge o religioso trazendo consigo grande cesto com legumes e verduras. O cocheiro gentilmente o ajuda a subir no veículo e, em seguida, coloca na carruagem o cesto de vime. Dentro do carro, Cécile recebe o bondoso ancião com largo sorriso nos lábios.

– Irmão Domênico, contei as horas para que estivéssemos juntos.

– Eu também, filha, eu também.

– Sinto-me imensamente gratificada com essas nossas visitas mensais. Fazem-me um bem enorme ao coração. Prefiro muito mais estar no campo com os simples, ajudando-os e aprendendo lições de vida com eles, do que freqüentar festas luxuosas.

– Trago algumas hortaliças do mosteiro para que possamos distribuí-las entre os pobres.

– E eu levo mantimentos, roupas, sapatos e algum dinheiro.

– Frutos de doações de cristãos piedosos?

– Alguma coisa, sim. Madame Madeleine Vouet enviou, através de meu marido, algumas peças de vestuário que conseguiu angariar entre damas amigas e generosas, o que é algo raro entre a aristocracia francesa. A maioria das senhoras respeitáveis de nossa época não perde tempo com o que elas chamam de "questões banais". Frade, muitas damas julgam-me tola por dedicar minhas horas à caridade ao invés de empregá-las no ócio dos chás sociais.

– Você deve agir segundo sua consciência, Cécile, e não como os outros querem que você faça. Muito menos deve importar-se com o que dizem. Esforce-se por viver o Evangelho do Senhor em seus dias. Fazendo isso estará trilhando o melhor caminho.

– Pois é dessa maneira que procuro proceder... Ah! ia me esquecendo! Minha costureira, madame Ane Marie, fez algumas roupas a meu pedido e, além de entregar-me o que havia encomendado, doou-nos algumas peças para as crianças dos camponeses.

– Que Deus a abençoe e lhe retribua em dobro!

– Isso acontecerá, certamente.

– Como está Louis?

– Muito envolvido em seus afazeres.

– Saiba que, em minhas orações, sempre peço pelos dois.

– Eu vos agradeço, irmão Domênico.

– Vocês têm visto Felipe?

– O marquês tem nos visitado vez ou outra...

– Noto que fala isso com apreensão, filha.

– Sei o quanto preocupa-se com o marquês. Sei, igualmente, que não ignora que sua reputação não é das melhores... Perdoe-me, irmão Domênico, mas não gosto que Louis se envolva com Felipe. Desde quando o vi pela primeira vez, grande receio invadiu-me. O marquês me causa medo, às vezes... é estranho sentir isso, nem mesmo consigo explicar o porquê desse sentimento. Talvez seja fruto de tudo o que já ouvi falar a seu respeito... Quando conheci meu marido, os dois estavam sempre juntos, compartilhando as mesmas preferências. Desde a formalização de nosso compromisso, Louis afastou-se dele e notei que, a partir de então, boas transformações começaram a operar-se em meu esposo... receio que uma reaproximação de Felipe não seja conveniente... Confio na proteção do Altíssimo, mas não consigo deixar de preocupar-me...

– Entendo a sua preocupação, filha. Conheço muito bem Felipe. Só posso recomendar-lhe que envolva ainda mais o coração de seu marido com atenções e cuidados, a fim de que não se perca a boa semente nele lançada e que começa a germinar. Peço-lhe, também, que não se deixe impressionar pelos sentimentos que tomam conta de sua alma, no que diz respeito a Felipe. O jovem marquês de Saint-Michel deve ser encarado como uma criança que ainda está perdida em meio ao mundo que a cerca, embriagado por prazeres efêmeros e de curtíssima duração. É assim que o vejo e o aguardo... Sei que um dia ele crescerá e aprenderá muito sobre o verdadeiro sentido da vida e, nesse dia, quero recebê-lo de braços abertos.

– Frei Domênico, até mesmo meu descanso tem sido povoado por um pesadelo que tem se repetido há duas noites! Neste sonho ruim estou sendo enforcada por um homem desconhecido... é horrível! Sinto as sensações do estrangulamento, o ar começa a faltar-me e debato-me... Então, acordo sobressaltada e só a oração faz com que eu consiga me tranqüilizar e traz de volta o sono. Algo de muito grave deve estar por acontecer...

– Cécile, para o seu próprio benefício e para a preservação de sua saúde física, pare de encarar o porvir como portador de maus desfechos. Apegue-se mais ao Senhor. Os dias futuros a Ele pertencem e o Excelso Criador não nos negará amparo, jamais. Seu receio quanto ao retorno de Felipe e quanto ao possível retrocesso do comportamento de seu marido estão gerando tudo isso. Confie mais em você também. Seus esforços junto a Louis para que ele melhore a cada dia não serão infrutíferos... grandes coisas já conseguiu, como você mesmo me afirma, e muito mais conseguirá. Coloquemos nossas esperanças nas mãos de Deus e deixemos o tempo agir.

– Vou me esforçar, frei.

– Lembre-se: foi na morte que Jesus nos mostrou a vitória real, como a nos dizer que com Ele seremos sempre os vencedores das trevas espessas e sobre elas prevalecerá a luz sacrossanta de Seu amor.

– Obrigada pelas palavras tão sábias e reconfortantes. Aliás, sobre o que o senhor falará aos camponeses hoje?

– Deixarei que a inspiração do momento decida, minha filha. De qualquer modo, o Senhor nos elucidará e reconfortará a todos nós.

A carruagem segue seu curso pelas estradas irregulares. Em breve o veículo chega a um vilarejo onde corações humildes aguardam pelo frade e pela dama generosa. São pessoas simples, trabalhadores do campo, pobres agricultores e suas famílias, que vivem precariamente em seus casebres. Ao avistarem o carro, crianças maltrapilhas cercam-no com olhares esperançosos.

Além da distribuição diária de sopa, tentativa de minorar a fome dos necessitados materialmente, uma vez a cada mês frei Domênico e Cécile visitam a vila para levar mantimentos e roupas àqueles que precisam. Durante o mês inteiro arrecadam doações, algumas ofertadas pelos poucos parisienses de posses que se interessam em ajudar e outras custeadas pela própria Cécile.

Quando a carruagem estaciona e frei Domênico desce, os pequeninos abraçam-no, como a um pai amoroso. O velho religioso corresponde ao carinho das crianças, beijando cada uma delas. O mesmo se dá com Cécile, que é recebida à maneira de boa mãe. A jovem carrega em seu colo um dos pequenos e segue ao encontro dos camponeses que ansiosamente os esperam. De maneira unânime, homens e mulheres, jovens e velhos osculam as mãos de irmão Domênico, ao mesmo tempo em que ele retribui a demonstração de afeto dos simples de coração com um abraço amigo em cada um. Cécile, igualmente, tem para com todos um sorriso gentil, palavras e gestos de carinho.

Comovedor é o momento em que a jovem dama e o religioso, auxiliados pelo prestativo cocheiro, começam a distribuição dos donativos. Lágrimas brotam dos olhos agradecidos de muitos pais de família, que nem mesmo no trabalho árduo conseguem os recursos suficientes para a manutenção do lar. Mães, abraçadas a seus filhinhos, não cessam de bendizer a mostra de generosidade recebida. São mulheres do povo, verdadeiras heroínas, capazes de privar-se do pouco que conseguem para si em favor dos filhos. Com que felicidade pegam em suas mãos roupas e calçados que os abrigarão do frio, pois já se aproxima o inverno. Homens e mulheres cujo tempo, impiedoso, alvejou-lhes os cabelos e marcou-lhes as faces, com dificuldade, fazem questão de beijar as mãos do franciscano. Os mantimentos são recebidos com euforia, pois muitos já não têm o que comer há dias. O choro silencioso corre pelas faces de irmão Domênico, que não consegue contê-lo ao ver uma menininha de seis anos de idade comer, de maneira apressada, um pedaço de pão.

Finda a distribuição, o frade e a dama passam a visitar as choupanas daqueles que se encontram enfermos em seus leitos. Ministram medicamentos, limpam as feridas pustulentas de muitos, fazem curativos e consolam os doentes, exortando-os a Deus.

Quando terminam as tarefas de caridade material, os dois abnegados trabalhadores do Cristo dirigem-se para debaixo de um secular e frondoso carvalho existente no vilarejo, sendo acompanhados pelos camponeses. Sob as ramagens amigas da árvore, algumas toras de madeira servem de bancos. Cécile e irmão Domênico sentam-se ali, enquanto outros também se acomodam como podem, alguns nos bancos restantes, outros em pedras, outros ainda no chão. Até mesmo alguns doentes, revigorados em suas forças graças à presença dos servidores de Jesus, juntam-se aos que aguardam pelas palavras do franciscano abnegado. Tem início, então, o trabalho de caridade espiritual, onde luzes vindas do Alto, em forma de bênçãos, fortalecerão o Espírito dos presentes.

– Irmãos em Cristo Jesus. Roguemos a Deus, Nosso Pai e Criador, nos abençoe nesse instante. Que Ele possa nos encorajar para a luta de cada dia, que possa estar o Senhor sempre à nossa frente, a guiar-nos os passos que ainda vacilam em meio ao desânimo, ao pessimismo e à falta de confiança N'Ele e em nós mesmos.

"Não há outro alicerce perante as dificuldades que não seja Deus. Ele é quem sempre nos sustentará diante das tempestades amargas da provação. Por isso, coloquemos sempre em Suas mãos o nosso coração dorido e cansado. Uma casa edificada em rocha firme jamais será destroçada pela ventania. Assim também nós quando nos entregamos aos cuidados desse Pai de amor.

"Ninguém aqui ignora, irmãos, que passamos por inúmeras dificuldades. As palavras que estamos proferindo nesse momento, de forma alguma servirão para fazer com que nos sintamos felizes em sofrermos dia após dia... Não! Pois é loucura dizer: sou feliz porque sofro e minha dor aplaca a ira do Senhor da Vida que recai sobre mim. Não! Jamais! Um pai não sente felicidade quando os filhos de sua carne lhe pedem o que comer e este nada tem a oferecer! Uma mãe não encontra satisfação vendo o ser que saiu de seu ventre chorar de fome e frio! Não, meus irmãos, não viemos proclamar a alegria no sofrimento. Isso seria um absurdo! Nem estamos a recomendar conformação cega diante de todas as provas que nos chegam... Também não é nosso objetivo encadear uma revolta surda contra os poderosos do mundo, aos quais geralmente culpamos pelos nossos dissabores, onde só espalharíamos ódio e sangue... agindo assim estaríamos nos assemelhando aos tiranos.

"Jesus, quando esteve entre nós, sempre falou à multidão dos necessitados. Sempre os consolou, sempre os fortaleceu e encorajou, mas, igualmente, disse-lhes que era preciso mudar o modo de pensar e viver para transformarem-se. Mostrou que ninguém está isento das dificuldades naturais que cercam nosso mundo, mas que essas mesmas dificuldades deveriam ser entendidas como o aguilhão que nos impulsionaria para a frente, para a nossa melhoria sempre contínua. Recomendou a união com Deus e com o próximo para o crescimento de todos e para a minorização do sofrimento. Nós, que sentimos na pele a aflição massacrante, devemos dar-nos as mãos e agir. Todos temos condições de algo fazer em prol daqueles que convivem conosco... se um amigo necessita de nossa palavra amiga, vamos ofertá-la; se um conhecido nosso adoeceu, vamos socorrê-lo; se alguém perdeu o teto, vamos abrigá-lo em nossa casa até que encontre outro lar; se uma mãe deu à luz, vamos ampará-la e ajudá-la.

"São nos pequenos gestos em favor de nosso próximo que encontraremos a presença amiga do Senhor a nos retribuir cem vezes mais tudo o que fizermos... e ninguém é tão pobre que nada tenha a oferecer... Em muitas ocasiões, uma palavra de carinho reergue muito mais que um prato de comida. Se aqueles que vivem a mesma provação forem capazes de unirem-se e ajudarem-se, o fardo será mais leve para todos.

"Aprendamos a encarar a dor de outra maneira. Ela não é castigo infligido por Deus, pois se admitimos que Ele é Nosso Pai, que nos ama a todos como filhos, há tremenda incoerência em afirmarmos que o Senhor nos castiga. Nem mesmo recebamos a dor com revolta em nosso coração, blasfemando. Isso em nada melhorará nossa situação, pelo contrário, a revolta tudo tende a piorar.

"Ante a sinfonia da Natureza que se renova a cada novo amanhecer, dádiva esplendorosa ofertada pelo Criador de Todas as Coisas, reflitamos no exemplo da roseira: junto ao trato de chão, o verdejante e tenro broto enfrenta as mais diversas variações do clima e segue, persistente, avançando para o alto em busca da luz do Sol, fonte generosa de energia. Mais tarde, com raízes mais firmes, não se importa com os espinhos ao longo das ramificações e prossegue, sem cessar. Cresce e floresce, enchendo o ambiente ao seu redor de delicado e suave perfume, ofertando aos olhos humanos doce encantamento, sem nada exigir em troca. Então, após o fenecer da floração, em época apropriada, aceita com paciência a intervenção do jardineiro que a poda, sabendo que esse recurso fará com que, no futuro, apresente-se mais bela, mais forte e com flores ainda mais cariciosas.

"Diante da simples lição da roseira, avancemos também nós, sem temor. Como a planta, aproveitemos, mesmo em nossa fragilidade, as adversidades momentâneas para crescermos em direção da luz de Deus. Sem titubearmos diante dos espinhos passageiros, firmes, ofertemos as flores de nossos corações àqueles que chegarem até nós, muitas vezes passando por dificuldades mais atrozes do que as nossas, sem nada pedirmos como paga. E quando a dor dilacerante nos vier, à maneira da poda, pacientes e confiantes, estejamos certos de que ela se faz necessária para o nosso aperfeiçoamento interior. Ela vem na hora certa, no instante oportuno, para operar em nós a beleza verdadeira e eterna da comunhão perfeita com o Alto e, além do mais, essa poda só nos chega com a permissão de Deus. Estamos nas mãos do Eterno Jardineiro e Ele sabe o que é melhor para nós, sempre."

Nesse momento, suave brisa afaga delicadamente a todos os que fazem parte daquele banquete de luz e que estão com os olhos fixos em frei Domênico, ouvindo-lhe as palavras cheias de celeste inspiração. O religioso, com seu hábito marrom, cordão branco amarrado na cintura e sua sandália de couro cru, tendo os cabelos brancos acariciados pela aragem terna, assemelha-se a um santo descido das Alturas para secar o pranto dos desesperançados.

– Sim, meus irmãos, – continua – os espinhos que nos ferem são passageiros. As lágrimas que derramamos com aceitação e paciência são as chaves que abrirão para todos nós as portas de um mundo mais feliz, a morada de amor onde Jesus nos espera de braços abertos e que se encontra além dos limites da Terra. A vida eterna, a vida do Espírito imortal será jubilosa e nela receberemos a recompensa pelos esforços sinceros que realizarmos com o Cristo de Deus em nossas almas.

"Lembremo-nos de que Jesus, todo amor e bondade, modelo de perfeição para o ser humano, também sofreu. Foi açoitado, coroado de espinhos, carregou o madeiro infame e, ainda assim, morreu de braços abertos, perdoando seus algozes. Mas depois do sofrimento Ele ressurgiu em todo o Seu esplendor. O Mestre nos deu o exemplo, precisamos segui-Lo. Quantos e quantos mártires, nos primórdios da era cristã, não O imitaram? Quantos os que caminharam pelas pegadas do Cristo, que enfrentaram amargas aflições e, no final, venceram?! Inúmeras pessoas, com a dor, se transformaram, tornaram-se mais dóceis, mais compreensivas, souberam valorizar as oportunidades, retiraram de seus corações o orgulho e a vaidade, tornando-se cartas vivas de amor a Deus e ao próximo. Vamos também nós, meus irmãos, nos tornarmos servos fiéis!"

Os simples campônios, esmagados pelos poderosos da Terra e que experimentam invariavelmente o desprezo, sentem-se revigorados. O azul do céu e o bailar das aves no espaço brindam aquela ocasião tão especial em que Jesus parece novamente ter descido de Sua glória para o charco mundano.

Tocado no íntimo por elevados e indescritíveis sentimentos, frei Domênico levanta-se, abre os braços e, olhando para o firmamento, recorda-se do Cristo e do sermão das bem-aventuranças:

– *Bem-aventurados os pobres de espírito, porque deles é o Reino dos Céus!* E quem são os pobres de espírito? – pergunta, voltando os olhos para os presentes. – Os enfermos, os maltrapilhos, os que estendem a mão implorando por esmolas?... Os pobres de espírito, irmãos amados, são todos aqueles que se livraram das ambições, do orgulho, da prepotência. São os que amam a liberdade e os preparados para a verdade, legítimos súditos desse reino de que nos fala o Mestre. São semelhantes aos simples e às criancinhas, que venceram com o tributo das lágrimas e do suor que lhes molharam a fronte.

"*Bem-aventurados os que choram, porque eles serão*

consolados! Eis a certeza de que nosso pranto será enxugado pelas mãos do Altíssimo. Não importa se o mundo nos ignora, nos esquece. O Senhor nos vê a todos, lembra-Se de todos e jamais abandonará os que se colocam em Seus braços.

"*Bem-aventurados os mansos, porque eles herdarão a terra!* Não busquemos a terra que nos acolhe de passagem. Essa pertence aos poderosos sem piedade. A terra a que se refere Jesus é aquela que ninguém rouba, o lar que ninguém corrompe, o reino onde as messes e os bens são fecundos. Esse reino está destinado àqueles que são os portadores da brandura, que é a irmã do equilíbrio.

"*Bem-aventurados os que têm fome e sede de justiça, porque eles serão fartos!* A humana justiça ainda é falha... Deveria ela ser um reflexo das leis de Deus, mas ainda não o é. Aprendamos a confiar na justiça dos céus. Em nosso Pai Celestial há uma esperança que é vida para os sedentos e famintos. Felizes os que experimentam as atrocidades dos ímpios da Terra e aguardam com paciência o juízo de Nosso Senhor! Estes receberão na Vida Verdadeira a sua recompensa."

Grande serenidade envolve a todos. A esperança encontra morada nos corações. Os camponeses se entreolham, se identificam, acercam-se uns dos outros. São injustiçados pelo mundo... entendem que é preciso unirem-se para superarem as dificuldades, pois vivem os mesmos dilemas e sentem os mesmos desgostos.

– *Bem-aventurados os misericordiosos, porque eles alcançarão misericórdia!* Toda misericórdia que exercermos para com o semelhante, seja ele quem for, amigo ou aquele que ainda não nos compreende, será luz atirada em nossa própria estrada. Só a piedade será capaz de redimir o homem que erra. A misericórdia extirpa para sempre o ódio, é a virtude obrigatória daquele que quer vencer o mundo e suas limitações.

Os misericordiosos espalham amor, socorrendo sem se cansar... e estes estarão, um dia, à direita do Pai.

"*Bem-aventurados os limpos de coração, pois eles verão a Deus!* É preciso limpar o coração dos vícios destruidores que despedaçam as esperanças. Banir para sempre o orgulho, a vaidade, a maledicência, o rancor... tudo aquilo que não nos permite enxergar além, para a luz maior que vem do Alto. Precisamos nos sintonizar com a Verdade, em harmonia com a visão de Deus. Faz-se necessário sejamos verdadeiramente limpos de coração, amemos as coisas mais simples, para que possamos entender as mais complexas, em sintonia com o Senhor da Vida."

Muitos já não conseguem reter as lágrimas. Doce refrigério acalenta as almas. O franciscano, envolvendo as pessoas em expressivo olhar, continua:

– *Bem-aventurados os pacificadores, pois eles serão chamados filhos de Deus!* Devemos, irmãos, distribuir a paz, mesmo que o pensamento geral seja tumultuar a tranqüilidade. Guerras ou revoltas só trazem sangue e ruína. Os filhos de Deus são brandos de coração. A brandura é a coragem de enfrentar o forte sem o temer, submeter-se sem ceder aos domínios da força, dominar a ira e vencer a si próprio para pacificar. Usar de energia, sim, mas sem violência, firmeza de ação sem ódio, força moral e não desequilíbrio de emoções. Faz-se necessário clarear as mentes sem as subornar, sem escravizar... Todos temos necessidade de brandura, podemos amar e precisamos ser amados. Embora o mundo venha a nos ferir, precisamos espalhar a brandura. Só assim as transformações se verificarão, um dia, na face da Terra.

"*Bem-aventurados os que sofrem perseguição por causa da Justiça, porque deles é o Reino dos Céus!* Nossos perseguidores são infelizes, enfermos da alma e, em todas as épocas, os honrados sofreram com esses doentes e com seu veneno, mas os que estão com a verdade silenciam enquanto o perseguidor zomba e grita, fere e escarnece. Também assim não aconteceu com o Cristo, diante de Pilatos e da multidão? A justiça sempre teve e ainda terá, por muito tempo, seus mártires que sofreram inocentes por fidelidade à Justiça Divina... deles é o Reino dos Céus."

Nesse momento, a Natureza em derredor parece homenagear a todos os que ali estão, oferecendo-lhes agrestes aromas. E de maneira ainda mais paternal, frei Domênico conclui suas palavras:

– Nosso sacrifício é a coroa de nossa fé. Permitir que os outros errem, mas não nos permitirmos errar, termos as mãos limpas de crimes, não nos deixarmos sujar pela lama da mentira... eis a senda do verdadeiro cristão! Nossa conduta, nossa abnegação deverão falar por nós. A honra daquele que quer seguir Jesus é o trabalho, e sua defesa, o silêncio. A glória dos que sinceramente lutam é a oportunidade do serviço e a sua auréola traduz-se no suor do dever cumprido. Cristão algum poderá, por ignorância, cultivar o mal. Jamais!

Crianças aproximam-se do velho frade trazendo-lhe flores colhidas no campo. Mulheres com lágrimas nos olhos beijam-lhe as mãos e homens rudes reverenciam a grandeza moral do religioso. Todos recebem dele um sorriso franco, um afago.

As despedidas acontecem e a carruagem inicia o caminho de volta. Dentro do veículo, Cécile, ainda envolvida pelas vibrações daquele acontecimento, troca impressões com seu amigo querido.

– Irmão Domênico, é impressionante como o senhor tem facilidade de tocar os corações e contagiá-los com a palavra de Deus.

– Quantas vezes deverei lembrar-lhe, minha querida,

que somos apenas instrumentos nas mãos do Senhor? Eu peço a Deus para que essa semeadura vingue...

– Receio não tê-lo entendido.

– As palavras de Nosso Senhor devem encontrar a boa terra em nossos corações, caso contrário, não germinarão e nem chegarão a dar bons frutos. Quantos que, mesmo na época em que Jesus esteve entre nós, ouviram Sua palavra, mas esqueceram-na no dia seguinte... Viver o Evangelho, testemunhar, renunciar e aceitar ainda é virtude de poucos nesse mundo... Rogo a Deus para que faça essa semente germinar nos corações que a receberam hoje. Vivemos numa época muito difícil, Cécile, onde as mentes estão mais propícias à revolta e ao ódio do que à fraternidade e ao amor. Tomara que aqueles que deixamos há pouco, no vilarejo, não estejam vivendo apenas uma empolgação passageira.

Após ouvir as palavras de frei Domênico, a jovem dama passa a pensar no que acaba de lhe ser dito, enquanto o frade, em silêncio e com olhar melancólico, vê em sua mente cenas de profundo contraste: a pobreza do Cristo, Sua vida humilde enquanto no orbe planetário, Suas recomendações e, depois, a total contradição na vida de muitos daqueles que se autoproclamam servos do Senhor, continuadores de Sua obra, mas que se vestem com luxo e pompa, acumulando riquezas e esquecendo que Aquele a quem dizem servir não teve sequer uma cama macia e confortável ao nascer.

6

Um ano depois

A ampulheta do tempo, impiedosa, não cessa de escoar seus grãos de areia. Um ano se passa. Irmão Domênico continua com suas tarefas em favor do próximo, lutando a cada dia para ser merecedor da misericórdia do Senhor, mantendo acesa a chama da caridade e do amor recomendados pelo pobrezinho de Assis, com a ajuda de alguns irmãos da ordem e da jovem Cécile.

Cécile Lorrain é a mesma esposa afável, sempre cercando o marido de atenções e preces, procurando despertar no coração do companheiro elevados sentimentos. Louis, por sua vez, envolve-se no trabalho diário, esforçando-se por manter a situação privilegiada que desfruta. Vez ou outra está na companhia dos nobres ou a freqüentar Versalhes, buscando favores em meio à bajulação, procedimento tão comum entre os aristocratas franceses.

Felipe, o ambicioso marquês de Saint-Michel, dedica-se à administração de suas propriedades na França e na Itália, mas a maior parte do tempo ainda é gasta com festas na corte. Nelas procura o prazer e a alegria que sejam duráveis, mas não os encontra. Cada vez mais envolvido em hábitos infelizes e torpes, embriaga-se com freqüência e busca a companhia das cortesãs. Mas sempre que o efeito do vinho consumido em abundância se desfaz, ou quando as mulheres deixam o seu leito, a insatisfação volta, voraz, a arrebentar-lhe o peito.

– Senhor marquês, com licença – diz Armand, um dos muitos criados do castelo, ao entrar no gabinete de trabalho de Felipe e vê-lo sentado junto à sua escrivaninha.

– O que quer? – pergunta o nobre, com voz cansada, sem levantar a cabeça que está apoiada nas mãos.

– Perdoe-me a ousadia, senhor, mas percebi que ontem o marquês chegou tarde e não dormiu, pois seus aposentos continuam em ordem... gostaria de saber se não está precisando de alguma coisa... pedi a Anete que preparasse seu desjejum.

– Não quero nada.

– Talvez deseje repousar. O marquês passou a noite em claro e...

– Armand, seu imbecil! – ralha. – Eu já disse que não quero nada! Você está me deixando ainda mais irritado com essa sua insistência!

– Mas eu só queria...

– Suma! Suma da minha frente!

– Certamente, senhor, com sua permissão.

Impaciente, Felipe levanta-se, derrubando a cadeira em que estava sentado e começa a andar de um lado para o outro da sala, esfregando as mãos nervosamente. Está com o semblante transtornado.

– Eu não consigo mais! – exclama. – Não sou capaz de livrar-me desse sentimento, por mais que eu tente! Cécile é uma obsessão para mim. Seu rosto me persegue sempre, onde quer que eu esteja! Não vou mais adiar a decisão que já deveria ter tomado... É perda de tempo continuar fugindo! Nenhuma outra mulher me fará feliz, a não ser ela!

Desde seu retorno à capital francesa, o marquês de Saint-Michel tenta lutar contra o louco amor que sente pela esposa do amigo, especialmente após a recepção oferecida em seu castelo, onde a formosa visão de Cécile o deixara perturbado. Mas agora, após um ano de tentativas desesperadas, vê que não pode mais nadar contra a forte correnteza desse sentimento que o corrói por dentro.

– Ela será minha! – afirma para si mesmo em voz alta, com perversidade no olhar. – Eu a terei, para sempre, nem que para isso seja preciso destruir seu casamento com Louis. Eu sou o poderoso marquês de Saint-Michel, sempre conquistei o que quis e não será uma precária amizade que vai me deter. Preciso semear a dúvida na mente de Louis. Matrimônio algum sobrevive com desconfiança...

Felipe extravasa toda maldade existente em seu coração e começa a elaborar, mentalmente, o plano que pretende utilizar para pôr fim à união de Cécile e Louis.

Dias mais tarde, Felipe e Louis encontram-se nos corredores de Versalhes e, a partir de então, o marquês passa a freqüentar a casa do amigo com maior freqüência, procurando reviver a antiga amizade. Na maioria das vezes em que são vistos, estão sempre juntos, rindo satisfeitos ou confabulando, demonstrando um relacionamento inabalável e harmonioso. Tudo isso deixa Cécile apreensiva, que nota a repentina e demasiada aproximação de Felipe junto ao seu esposo.

Durante um jogo de cartas entre os dois amigos no castelo de Saint-Michel, o marquês encontra a oportunidade certa para disseminar a discórdia.

– Louis, meu bom amigo, ainda permite que Cécile participe das atividades promovidas por frei Domênico?

– Perfeitamente. Aliás, minha esposa sempre esteve com esse frade, até mesmo antes de nos casarmos ela já o conhecia. Domênico é o único sacerdote em quem Cécile confia, é seu confessor e conselheiro. Mas, por que a pergunta?

– Pensava em tudo o que me disse, em outras ocasiões... na felicidade que sua esposa demonstra em estar em contato com o franciscano, visitando-o com freqüência e... bem... estamos resgatando nossa velha amizade de uns tempos para cá, é verdade, mas, sempre evitei falar-lhe sobre esse hábito de Cécile... porque... ah, esqueça! Não tenho o direito de levantar essa suspeita infundada só porque estamos nos relacionando como antes de seu casamento...

– Suspeita infundada? Do que está falando, Felipe?

– Por favor, Louis, vamos continuar com o nosso jogo... você está perdendo, lembra-se?

– Agora eu quero que continue a falar, marquês. A que suspeita infundada se refere?

– Pois bem, falarei então. Só espero que isso não abale nossa amizade que está renascendo...

– Seja o que for, estou certo de que será a preocupação de um amigo leal.

– Sempre achei estranho esse contato de Cécile com o franciscano, contato esse que julgo ser excessivo. Disse-me que ela sempre volta feliz desses encontros e...

– Onde quer chegar, Felipe?

– Louis, você não é um tolo. Sei que já começa a entender o que quero dizer. Com todo respeito, meu amigo, Cécile é uma jovem encantadora e de rara beleza. Talvez o velho tenha se apaixonado...

– Ora, Felipe! – fala Louis, exaltado. – Está sugerindo que Domênico é amante de minha mulher?! Quanta ousadia a sua, senhor marquês!

– Calma, por favor.

– Você só pode estar brincando comigo, não é? Domênico é um velho e, como se isso não bastasse, é um religioso!

– Um velho sim, mas que não está morto! E quanto a ser religioso, lembre-se de que você mesmo, um ano atrás, deu-me lições sobre os clérigos da atualidade e, se ainda se recorda, aqui mesmo em meu castelo, na recepção que ofereci pelo meu regresso, contei-lhe sobre as atitudes do prior franciscano com a cortesã!

Louis silencia e passa a raciocinar sobre tudo o que escuta.

– Você bem sabe, meu caro, que só estou lhe falando isso, contando-lhe sobre meus receios, com o único objetivo de não vê-lo infeliz... Cécile é belíssima e desperta o desejo nos homens com facilidade... quantos já não se deixaram levar por mulheres com atributos inferiores aos dela? Pense bem, meu amigo.

– Sugere que minha esposa é infiel?

– Sugiro que fique atento. Você nunca foi até o mosteiro para constatar, com seus próprios olhos, o que acontece durante essas visitas. Talvez deva fazer isso.

– Não! Não pode ser! Cécile é meiga, doce... chega a ser ingênua em muitos assuntos...

– Perdoe-me, ela pode estar fingindo ingenuidade...

– Felipe, como você tem coragem de afirmar isso?!

– Não estou afirmando. Estou fazendo uma suposição. Lembre-se de que, quando iniciamos esse assunto, disse-lhe que tinha suspeitas infundadas. Meu objetivo, falando-lhe assim, é somente fazê-lo enxergar as coisas antes que seja tarde demais. Ninguém, em perfeito juízo, volta tão feliz de um mosteiro após distribuir sopa aos miseráveis... nunca vi isso!

– Você acredita que Domênico seja capaz disso? Seu pai e ele foram muito amigos...

– Eu conheci meu pai a fundo, não Domênico. Ele admirava o religioso, sua conduta moral a qual dizia ser elevada... mas, eu me pergunto, será que o frade mostrava-se tal qual realmente é? Não teria também ele enganado meu pai?

– O que está me dizendo, se for verdade, é bastante sério... grave. Coloca em jogo a lealdade de Cécile. Não quero acreditar que ela seria capaz de cometer adultério... sempre procurei ser fiel e companheiro... não há razões para que ela tenha feito isso comigo.

– Não posso intrometer-me em sua vida conjugal, meu bom amigo, mas não estaria dando a Cécile muita liberdade? Talvez você necessite usar de mais firmeza com ela.

– Não! – fala Louis, como se quisesse afastar de sua mente aquelas idéias – Tudo o que você falou não tem fundamento, Felipe! Você não conhece minha esposa. Ela é incapaz de trair-me... É sincera e uma de suas maiores virtudes é a fidelidade. Cécile sabe que o matrimônio é o mais sério dos compromissos e jamais iria maculá-lo... Já se faz tarde. Preciso voltar para casa – diz, retirando-se.

Felipe acompanha Louis até a porta principal do castelo.

– Louis, entenda que só fiz isso porque é meu amigo e não quero que seja motivo de chacota diante da nobreza... Uma traição ignorada mancharia sua honra e seu prestígio... Perdoe-me.

O esposo de Cécile limita-se a olhar para o marquês. Está confuso. Sem dirigir uma palavra a Felipe, toma sua carruagem.

– Vá, Louis, e leve a dúvida com você – fala o marquês consigo mesmo, satisfeito com a situação. – Tudo está saindo de acordo com o que tenho em mente.

– Não!... Por favor, não!... afaste-se de mim... Não!... Socorro! Você está me sufocando!... largue-me, por Deus! Socorro! Alguém me ajude... não consigo respirar!

Ao entrar em seus aposentos, Louis surpreende Cécile debatendo-se sobre a cama, buscando, desesperadamente, o ar que lhe falta.

– Cécile, acorde!... Acorde, está tudo bem – fala o jovem esposo, aproximando-se da mulher, tentando acordá-la.

Ao abrir os olhos Cécile vê, aliviada, que está em seu quarto.

– Calma, minha querida, tudo está bem agora. Eu estou aqui.

– Ah, Louis!... Aquele pesadelo novamente. Vivo-o com tamanha intensidade que parece ser real...

– Vou pegar um pouco d'água.

– Não. Não quero água... não é necessário. Já estou me recompondo... Você demorou a chegar... Já era tarde e estava cansada, por isso resolvi recolher-me sem esperá-lo...

– Pois você fez muito bem. Eu, de fato, não vi a hora passar. Desculpe-me.

– Oh, Deus! Por que esse pesadelo se repete com freqüência? Tenho tanto medo...

– Medo de quê?

– Talvez algo ruim esteja por acontecer...

– Você está impressionada, só isso. Não há nada o que temer... ou há?

– Não sei, Louis, realmente não sei... Não gosto que se aproxime de Felipe.

– Felipe é um bom amigo, Cécile. Não oferece risco algum.

– Já estou melhor, venha se deitar.

– Sim, eu já vou. Mas, por favor, pare com esses temores. Somos felizes, nos amamos, a sinceridade está entre nós, não está?

– É claro que sim.

– Pois então. Onde a sinceridade está, está também a fidelidade... somos fiéis um para com o outro, não somos?

– Sem dúvida, Louis, mas qual a razão desses questionamentos?

– Nenhuma, minha querida, descanse agora. Vou colocar meus trajes de dormir e deitar-me também.

Cécile acomoda-se no leito, perguntando-se intimamente o que está se passando pela cabeça do marido, mas logo rende-se ao sono tranqüilo e reparador. Quando Louis vem deitar-se, encontra a esposa dormindo. Olhando-a, não consegue afastar a dúvida plantada em sua mente por Felipe.

Na manhã seguinte, o marquês recebe em seu castelo a visita inesperada de Louis.

– O que o traz aqui tão cedo, meu caro amigo?

– Preciso de sua ajuda.

– Em que posso lhe ser útil?

– Refleti muito sobre o que me disse... algumas colocações suas podem ter sentido... Não posso reter comigo essa dúvida. Passei a noite em claro e cheguei à conclusão de que devo observar os movimentos de Cécile no mosteiro.

– O que fui fazer! Deixei-o perturbado! Não deveria ter aberto minha boca... – fala Felipe, fingindo arrependimento.

– Não, pelo contrário, você fez muito bem.

– Como posso ajudá-lo, então? Preciso reparar o mal que causei. Não quero vê-lo confuso assim.

– Você presenciou o desregramento do prior. Pode conseguir que ele deixe-me entrar no mosteiro, às escondidas, para vigiar os passos de Cécile e Domênico.

– Tarefa fácil!

– Sim, eu sei. É justamente por isso que vim procurá-lo. Quero começar isso hoje mesmo. Logo mais à tarde, Cécile irá encontrar-se com Domênico para a distribuição da sopa. Eu poderia chegar um pouco antes e ficar atento a todos os movimentos dos dois.

– Bem pensado. Falarei com o prior ainda pela manhã, fique tranqüilo. Mas também vou pedir-lhe um favor.

– O que desejar.

– Quero ir com você. Temo que cometa uma loucura se a dúvida transformar-se em certeza.

– Não vejo problema algum.

– Ótimo! Providenciarei tudo. Mando um mensageiro informar-lhe quanto à hora de irmos para o mosteiro. Para onde irá agora?

– Estarei na fábrica. No trabalho talvez consiga esquecer as preocupações.

– Muito bem. Envolva-se nos negócios. Mais tarde nos encontraremos.

O esposo de Cécile sai dali e vai para sua fábrica de papel, herança recebida do finado pai e que por ele é muito bem administrada. Louis tem o perfil do bom empreendedor, sendo o mais rico fabricante de papel de Paris.

Felipe, por sua vez, procura o prior franciscano e, com o uso da chantagem, consegue seu intento sem grandes esforços.

Às três horas da tarde, Felipe vai buscar Louis em frente ao prédio onde funciona a fábrica e, então, a carruagem do nobre, célere, ruma para o mosteiro.

O carro do marquês estaciona na mata, a alguns metros do local, para que ninguém os veja chegar. O cocheiro os aguarda ali mesmo, a fim de que o veículo não denuncie a presença dos dois.

Recebidos pelo prior, são conduzidos até o alto de um

campanário, de onde observam a chegada de Cécile. Às escondidas, acompanham o trabalho da distribuição de alimento aos necessitados, não perdendo o menor gesto de Cécile com o frade. Louis a tudo observa com um misto de medo e raiva, enquanto Felipe se compraz com a visão do amigo em luta íntima com o desespero.

Informados pelo prior do costume diário da organização do altar da capela por Cécile e Domênico, o marquês e Louis dirigem-se para o interior do templo, escondendo-se atrás de uma das muitas colunas de sustentação ali existentes.

– Aguardemos aqui – diz o marquês. – Não é conveniente nos aproximarmos muito. Dentro em pouco estarão chegando.

– Felipe, preciso agradecer-lhe...

– Não há o que agradecer. Não queria ser o portador de maus presságios, mas não tive como fugir ao destino. Espero que os dois venham logo. Detesto igrejas!

Mal acaba de pronunciar estas palavras e Cécile, acompanhada pelo frade, entra na igreja. Os dois dirigem-se ao altar e começam a prepará-lo. Colocam flores e acendem as velas como costumeiramente o fazem. Terminados os afazeres, sentam-se em um banco e começam a conversar, sem suspeitarem de que estão sendo vigiados.

– Outra vez o pesadelo atormentou-me na noite passada, frei. Cada vez torna-se mais freqüente. Não sei o que fazer para livrar-me definitivamente dele.

– Confie no Senhor, Cécile. Ele é socorro sempre presente na hora da angústia.

– Algo de ruim vai acontecer, estou certa disso. Felipe aproximou-se muito de Louis, como nos tempos em que não havíamos assumido compromisso... o senhor conhece muito bem a má índole de Felipe. Não quero que meu marido continue a envolver-se com ele... temo até mesmo pelo fim de nossa união... ontem, antes de dormir, Louis fez-me perguntas estranhas sobre sinceridade e fidelidade...

– Ah! Senhor meu! A dor toma conta de meu coração ouvindo você falar assim sobre Felipe, porém, sei que ele tem infeliz conduta...

Nesse instante, lágrimas copiosas começam a rolar dos olhos da jovem dama, que atira-se aos braços do velho religioso. Este a recebe em paternal abraço, afagando-lhe os cabelos e colocando-se em oração.

Louis, que observa a cena, quer aproximar-se da esposa.

– Felipe, vou até lá! Quero escutar a conversa dos dois!

– Você ficou louco?! Não saia daqui ou porá tudo a perder. Acalme-se e fique quieto. Vamos continuar aqui, sondando-os de longe.

– Mas eu preciso saber o que falam...

– Louis, as evidências, infelizmente, são tão claras como as límpidas águas das nascentes. Olhe bem! Veja a intimidade deles! Um sacerdote digno não teria esse tipo de atitude com paroquiana alguma. Veja como ela chora abraçada a ele, com que suavidade o velho afaga os cabelos de sua esposa! Diante disso tudo você ainda quer ouvi-los? Pois eu não preciso ir até lá para saber o que tanto falam. Estão desesperados, com medo de serem descobertos prevaricando. Sentem que o segredo por eles guardado há tanto tempo pode ser descoberto. É a típica cena que ilustra a frase “meu amor, não quero perdê-lo”...

– Você está imaginando demais...

– Eu, imaginando demais?! Ou será você que se recusa a encarar a realidade? Louis, ouça-me: você mesmo disse, quando estávamos a caminho do mosteiro, que Cécile afirmou estar sentindo que algo de muito ruim está por acontecer. Isso só pode ser o temor que toma conta dela com a simples idéia de ser descoberta... E os questionamentos que fez a ela, ontem à noite? Não seriam capazes de deixá-la abalada, a ponto de abrir-se com seu amante?

– Pare, por favor! Vamos sair daqui... eu preciso pensar. Se continuar nesse lugar é bem provável que eu queira colocar um fim na vida desse velho medíocre!

– Está certo. Mas saiamos com cuidado, senão podem nos ver.

Felipe e Louis saem da igreja silenciosamente, a fim de não serem notados. Cécile permanece com o religioso, recebendo seus cuidados.

Quando a carruagem do marquês de Saint-Michel estaciona, Louis, que durante todo o trajeto de volta permanecera em silêncio, ao descer do veículo indaga a Felipe:

– Como poderemos ter uma maior certeza do que está acontecendo?

– Você ainda quer mais provas do que aquelas que teve hoje?

– Não ouvimos o que falavam. Não é lícito supor e acusá-los apenas pelo que achamos que estavam dizendo um ao outro.

O orgulhoso marquês de Saint-Michel está envolto em

ódio. Até aquele momento, tinha a certeza de que apenas bastaria a Louis presenciar um encontro dos dois supostos amantes para que ele fosse capaz de expulsar Cécile de sua vida para sempre, acabando com seu casamento por motivos mais que justificáveis. Mas percebe agora que Louis ama demais a mulher e quer ter total certeza do adultério antes de tomar uma atitude drástica.

– Pois então, vamos conseguir mais provas – diz o marquês, com os olhos fixos no prédio onde funciona a fábrica de papel, enquanto maquiavélicos pensamentos passam pela sua mente. – Até lá, procure agir com naturalidade... não faça nada a Cécile, por mais raiva que esteja sentindo dela.

– Entenda, Felipe, que preciso ter total certeza da infidelidade de minha esposa antes de decidir que rumo darei à situação.

– Eu entendo, meu bom amigo, é claro. Preciso ir. Até mais ver. Vamos, cocheiro, para o castelo, rápido!

7

Nas tramas do mal

Duas semanas após os últimos acontecimentos, a carruagem do marquês de Saint-Michel, puxada pelos quatro corcéis negros, afasta-se de Paris indo em direção ao campo. Uma ordem de seu ocupante faz com que o condutor do veículo o detenha próximo a frondosa árvore, onde um homem de rude feição e mal vestido parece aguardar pelo carro.

A porta da carruagem é aberta e o homem é convidado a entrar.

– Esse lugar é seguro, Florian? – pergunta o marquês ao mais novo passageiro. – Ninguém nos verá?

– Certamente que não, senhor marquês. Tomei todas as precauções.

– Mesmo assim, não vamos ficar parados aqui. Cocheiro, continue a andar.

– Quer que os leve a algum lugar, senhor? – pergunta o servo.

– Não. Apenas conduza o veículo. Vamos passear um pouco, aproveitar os ares do campo, sempre tão saudáveis.

Enquanto o carro segue sem rumo certo, Felipe prossegue seu diálogo com Florian:

– Este pequeno baú que está ao meu lado, contém muitos objetos preciosos e de alto valor. Se vendê-los, conseguirá por eles um excelente preço. Veja!

Felipe abre o baú. Florian arregala os olhos e levanta as grossas sobrancelhas ao ver a prataria e os artefatos em ouro maciço que estão sendo ofertados a ele.

– O que quer que eu faça, senhor? – pergunta Florian, contagiado pela ganância.

– Um trabalho simples, fácil para você que já prestou tantos serviços para a nobreza parisiense.

– Quer que eu mate alguém, talvez um inimigo do marquês?

– Não, de forma alguma. É algo muito mais simples, mas antes de lhe falar o que vai fazer, quero a garantia de que não comentará sobre isso com ninguém.

– Disso o marquês pode estar certo. Sempre honro minha palavra. O silêncio é garantido.

– Assim espero, meu bom Florian. Mas, se abrir a sua boca mais do que deve, se deixar escapar alguma coisa, eu serei forçado a conseguir seu silêncio de uma maneira mais severa, entende? Você não é o único em Paris disposto a cometer crimes e assassinatos por dinheiro...

– Como já lhe disse, senhor, dou-lhe a minha palavra. Pode confiar em Florian, seu servo, marquês.

– Pois então, ouça bem o que deverá fazer, ainda esta

noite. Quando terminar sua tarefa, dou-lhe outro baú, semelhante a este.

– Louis, o que está acontecendo com você, meu querido? Outra vez nem sequer tocou em seu jantar.

– Nada, Cécile, não está acontecendo nada.

– Algo de errado com os negócios?

– Os negócios? Ah! sim!... Estou preocupado com eles, é isso...

– Você tem estado tão distante ultimamente. Fiz algo que o desagradou, meu marido?

Diante da indagação da esposa, Louis estremece. Não seria aquele o momento para esclarecer suas suspeitas? "Por que duvidar dela? Não a conheço tão bem?" – pensa. Mas, receoso, prefere buscar outra saída.

– Cécile, estou cansado, apenas isso. Peça aos serviçais para retirarem o jantar. Não tenho fome. Já vou me recolher.

Quando Louis está prestes a sair, é detido por um de seus criados:

– Senhor, um dos trabalhadores da fábrica deseja falar-lhe. Parece aflito.

– Faça-o entrar.

– Imediatamente, senhor.

Logo em seguida, o visitante inesperado entra na sala

de jantar da residência, um palacete localizado às margens do Sena*, próximo à catedral de Notre-Dame.

– O que quer, Justin?

– Senhor, uma desgraça! A fábrica está em chamas!

– O quê?! Como pode ser isso?! – pergunta Louis, assustado.

– O incêndio começou de repente, senhor, e já está fora de controle... não sei precisar como aconteceu... Todo o prédio arde em chamas!

– Vou para lá!

– Quero ir com você... – afirma a esposa.

– Não, Cécile. Fique aqui. Isso não é assunto para mulheres.

Louis sai apressado, na companhia de Justin, deixando a dama, que procura rezar junto ao oratório doméstico.

Quando chega ao local, Louis nada mais pode fazer. Toda a fábrica está perdida. Altas e serpenteantes labaredas terminam de consumir o patrimônio da família Lorrain, iluminando a noite.

– Alguém se feriu? Havia pessoas lá dentro? – pergunta um dos muitos curiosos que ali se encontram.

– Não, graças a Deus os trabalhadores já haviam voltado para suas casas – responde Justin.

– E se houvesse? E se elas tivessem morrido?! O que

---

* *Sena:* rio que corta a cidade de Paris.

você faria comigo, seu abutre? – esbraveja Louis. – Você é mais um daqueles que vibram com a desgraça dos aristocratas. Miserável! Mendigo! – grita. – Eu acabo de perder toda uma propriedade! Acha que vou me importar com a ralé?!

– Acalme-se, senhor... – pede Justin, olhando em derredor, muito preocupado com a possível reação dos que ali estão.

– Por que está com medo, Justin? Ninguém ousará fazer-me mal algum! Sou amigo de sua majestade, o rei! Posso conseguir facilmente a morte de cada um deles!

Nesse momento, uma carruagem aproxima-se. É o carro do marquês de Saint-Michel.

– Meu amigo, vim tão logo soube. Alguns de meus servos passavam por aqui e avisaram-me do incêndio. Eu sinto muito...

– Tudo perdido, Felipe... Não tenho mais nada. E ainda sou obrigado a aturar o populacho que não pára de observar-me! Malditos! Saiam daqui, saiam! – exclama Louis em alta voz, visivelmente alterado.

– Cuidado com o que diz, Louis, eles são maioria. Você está muito nervoso. Suba, vou levá-lo até meu castelo. Seu serviçal cuidará de levar sua carruagem até sua residência.

– Farei isso – afirma Justin.

– Tome, beba. – diz o marquês, oferecendo a Louis uma xícara com bebida fumegante.

– O que é?

– Um chá de ervas medicinais que mandei Anete preparar-lhe. Vai tranqüilizá-lo.

Louis toma o chá, segurando a xícara com as mãos trêmulas.

– Você ficou maluco? O que pretendia fazer insultando aquelas pessoas? – pergunta Felipe. – Buscava a morte? O que deu em você?

– É muita desgraça em minha vida... problemas com meu casamento e agora a ruína total.

– Calma. Verei o que posso fazer para ajudá-lo.

– Nada! Não há nada a fazer.

– Você precisa parar e raciocinar com serenidade, buscar uma solução.

– Não consigo pensar.

– Você deve ter alguma reserva financeira.

– Não o suficiente para reerguer a fábrica.

– As amizades que tem em Versalhes. Pode pedir ajuda... Já sei! Farei isso por você. Procurarei amanhã mesmo alguns amigos. Vou expor-lhes o caso e, com um pouco de sorte, conseguirei o que for necessário para reconstruirmos seu patrimônio, melhor do que era. Vou propor sociedades.

– Não se importe comigo.

– Como não? Você é meu amigo, o melhor dos amigos! Faço questão de ajudá-lo. Talvez, um dia, eu até precise de você... nunca se sabe... Agora termine de beber esse chá e acalme-se. Se chegar em casa desse jeito vai fazer com que Cécile também fique nervosa.

⚜

No dia imediato ao incêndio, quando o orvalho da

madrugada é desfeito pela aurora, a carruagem do marquês volta ao campo, no mesmo local em que estivera na véspera. Florian, o homem rude de sobrancelhas grossas, está outra vez aguardando a chegada do nobre. O veículo pára, Florian entra. Desta vez, o carro se mantém estacionado.

– Bom trabalho, Florian. Estou muito satisfeito com o seu serviço – diz Felipe.

– Obrigado, senhor marquês.

– Você foi excelente, meu amigo. Nunca vi algo queimar tão depressa. Ninguém notou sua entrada no prédio, não é mesmo?

– Não. Tomei todo o cuidado quanto a isso.

– Ótimo! Tudo transformou-se em cinzas, exatamente como eu queria.

– Fico feliz em saber que está contente, senhor.

– Muito! E aqui está outro baú, conforme havia prometido a você.

– Obrigado, marquês. Conte comigo, sempre que precisar.

– Não tenha dúvidas quanto a isso. Agora vá e tome cuidado para que ninguém o veja saindo da carruagem.

– Não se preocupe. As pessoas não costumam vir até aqui. O máximo onde chegam é até aos arredores da estrada, lá longe.

– Está certo, já entendi. Vá embora, depressa.

Satisfeito com a paga, Florian desce do veículo, enquanto o cocheiro, chicoteando os cavalos, sai com a carruagem em disparada.

– Senhor marquês, seja bem-vindo à nossa casa.

– Obrigado, Cécile. Eu sinto muito pelo que aconteceu. Estou procurando ajudar seu marido na medida de minhas possibilidades. Não se preocupe, tudo acabará bem – diz Felipe à dama, segurando as mãos delicadas da jovem entre as suas e endereçando-lhe carinhoso olhar que desconcerta, de imediato, a dona da casa.

– Nós só podemos agradecer-lhe, marquês – diz Cécile, procurando livrar as mãos.

– Por favor, minha cara, não me chame pelo título. Somos amigos.

– Perdoe-me, senhor marquês... digo, Felipe... Presumo que veio ver Louis.

– Exato.

– Ele está no gabinete de trabalho. Eu o acompanho.

– Não é necessário, Cécile. Sei o caminho.

– Fique à vontade, então.

– Obrigado.

Cécile retira-se, sendo acompanhada pelo desejoso olhar do marquês. Só depois é que ele vai procurar Louis. Recebido pelo amigo, nota-o extremamente abatido e sem esperanças.

– Fiz um levantamento de todos os recursos de que disponho no momento, Felipe, e eles não são suficientes sequer para levantar as bases de um novo edifício. Pensei em vender algumas casas que tenho, mas mesmo assim não conseguirei grande quantia – constata, tristemente.

– Hoje mesmo fui a Versalhes, passei toda a tarde lá –

mente Felipe. – Conversei com alguns de nossos amigos. Eles ficaram chocados com sua desgraça, mas, no momento, não querem arriscar em novos negócios... estão incertos quanto ao destino da França daqui a alguns anos. Desde o grande Louis*, as finanças vêm sofrendo quedas consideráveis, a miséria aumenta e temem que o povo, esgotado, revolte-se contra a nobreza no futuro... Querem se precaver.

– O povo! Sempre ele!... Estou certo de que foram pessoas do povo que provocaram o incêndio... como gostaria de aniquilar essa massa fétida!

– Mas você não pode. Portanto, pense em algo mais ao seu alcance para sair dessa situação.

– Vender os imóveis que tenho, juntar tudo o que me resta, viver razoavelmente por algum tempo e depois unir-me à ralé... Ah! que ironia!

– Desculpe-me, meu amigo, mas você torna-se insuportável quando vive um dilema e não sabe o que fazer.

– Não estou pedindo para que você me ature, estou?

– Louis, ouça: vou ajudá-lo a reconstruir sua fábrica.

Diante da afirmação do amigo, Louis está sem saber o que dizer.

– É isso mesmo que ouviu – continua o marquês. – Vou lhe arranjar todos os recursos de que precisa para ter de volta a sua indústria. Você não correrá o risco de empobrecer.

– Mas eu não posso aceitar!

* *O grande Louis:* alusão feita à Luís XIV que, com sua política bélica e seus abusos absolutistas, deu início à grave crise econômica que se abateu sobre a França e tornou-se insustentável no século XVIII.

– Pode e vai! Se recusar estará fazendo-me uma grande desfeita. Aliás, eu jamais, em toda minha vida, aceitei um não como resposta. Vamos contratar arquitetos para redesenharem o prédio, compraremos novos equipamentos para uma produção melhor e assim por diante.

– Preciso pagar o que está me fazendo de alguma forma...

– Serei seu sócio, Louis, isso já é uma ótima paga.

– Quando os negócios prosperarem novamente, tenha a certeza de que vou lhe restituir todo o dinheiro que estará empregando nessa reconstrução e...

– Basta, Louis, basta! Começo a tomar todas as providências amanhã mesmo. Creio que dentro de no máximo três meses estaremos inciando a obra. Prepare-se para supervisioná-la.

– Sem dúvida! – e abraçando Felipe, agradece-lhe, comovido. – Muito obrigado, meu formidável amigo. Muito obrigado mesmo. Conte comigo para o que precisar.

– Irei contar, esteja certo disso.

Decorridos três meses após os últimos acontecimentos, as obras de reconstrução da fábrica de papel da família Lorrain têm início, exatamente como previra Felipe. Em nada poupam os gastos: são contratados excelentes arquitetos, que redesenham a planta do edifício, diversos construtores, e novo maquinário chega para um melhor desempenho das atividades do empreendimento. Louis, envolvido no trabalho, desliga-se da desconfiança sobre a conduta da esposa. Cécile, por sua vez, suspeita da repentina generosidade do marquês, que jamais tivera esse tipo de atitude antes.

– Irmão Domênico, que surpresa! O senhor em minha casa! Entre, por favor.

– Consegui uma permissão do prior para visitá-la, filha. Sei que não tem tido condições de comparecer ao mosteiro devido aos percalços, por isso vim vê-la.

– Pois o senhor fez muito bem. Por favor, sente-se.

– Obrigado. Onde está Louis?

– Acompanhando o trabalho dos construtores. Graças ao bom Deus, tudo se resolveu. Fiquei preocupada com meu marido, pensei que enlouqueceria. A fábrica que herdou do pai é tão importante para Louis quanto a própria vida.

– Mas tudo terminou bem, não é mesmo?

– Sim... e de uma forma inesperada. É o marquês de Saint-Michel quem está ajudando meu esposo.

– Felipe?!

– Ele mesmo. Vejo que o senhor ficou tão surpreso quanto eu.

– É que isso não é habitual no filho do finado Jean!

– Não deveria, mas desconfio dessa oferta de Felipe... cheguei a pensar em uma possível mudança que começa a ocorrer no caráter do marquês, mas, diante de tudo o que sei a respeito dele...

– Eu entendo. Adoraria ver Felipe transformado... quem sabe ele realmente não esteja criando juízo?

– Talvez. Mas eu prefiro aguardar mais um pouco antes de afirmar qualquer coisa. Aceita um chá, frei?

– Se for rápido, sim. Não posso demorar-me.

– Apenas um instante. Pedirei para a serva prepará-lo. Fique à vontade, por favor.

– Obrigado, minha filha.

Enquanto Cécile retira-se para dar ordens à serviçal, o velho franciscano começa a pensar em Jean e lhe pede que, de onde estiver, vele pelo filho. Também pede a Deus para que as virtudes despontem no coração do marquês, de maneira imperecível.

⚜

– Vim tão logo recebi seu recado, Felipe. Deseja falar-me?

– Sim. Sente-se, meu amigo, por favor. Que expressão de felicidade é essa estampada em seu rosto?

– Estou satisfeito com o andamento das obras. Você bem sabe que conseguimos um progresso considerável nesses cinco meses de trabalho. Se tudo continuar assim, creio que teremos a nova fábrica pronta em breve!

– Isso é muito bom. Você ainda estará aqui quando ela voltar a funcionar...

– Como? Não entendi...?

– Louis, procurarei ser direto. Confio muito em você e...

– Também confio em você, Felipe, ainda mais depois de tudo o que fez por mim.

– Folgo em saber. Como dizia, tenho total confiança em sua pessoa e na sua capacidade de trabalho. Você é um empreendedor, um homem de negócios com larga visão. Pois bem, estou precisando de sua ajuda. Acho que chegou o momento em que poderá me retribuir os favores.

– Esperei tanto por isso. O que quer de mim? Diga e eu o farei.

– Preciso reorganizar o método de trabalho em meus vinhedos na Itália. Ninguém melhor que você para tratar com os trabalhadores, já que sempre esteve acostumado a lidar com esse tipo de gente, muito mais do que eu. Preciso que vá para Nápoles e me ajude nisso. Você seguirá nos primeiros dias do novo ano. Até lá já teremos a fábrica produzindo novamente e você poderá partir com uma preocupação a menos.

– Viajar?!... Cécile poderá acompanhar-me?

– Também pensei nisso. Escute com atenção: deixá-la em Paris será a oportunidade ideal para conseguir as provas que tanto quer sobre a sua lealdade. Você não se esqueceu desse assunto, não é?

– Não. Ainda tenho dúvidas, é claro... Com o incêndio minhas atenções se voltaram para esse problema inesperado, mas não olvidei a questão da fidelidade de Cécile.

– Pois então, pense comigo: enquanto estiver ausente, contratarei uma serva que trabalhará em sua casa e me confidenciará todos os movimentos de Cécile. Enquanto estiver fora, você não escreverá uma carta sequer para ela. Assim, veremos se realmente ela é sincera. Se o velho tolo for mesmo amante de sua mulher, a espiã nos trará as provas que tanto quer.

– Durante quanto tempo estarei longe da França?

– Por um ou dois anos, no mínimo.

– É muito tempo!

– Tempo suficiente para me ajudar e sanar suas dúvidas em definitivo.

– Não tenho muita experiência com vinhedos, Felipe. Meu conhecimento sobre o assunto é limitado. Um tio, irmão de minha mãe, é proprietário de um vinhedo na região do Loire e me ensinou o pouco que sei mas, como disse, é pouco.

– Meu bom amigo, não se preocupe quanto a isso. Meu administrador o colocará a par de todo o processo. Escreverei a ele pedindo que dê a você a máxima atenção e assistência. Tenho certeza de que vai se inteirar do assunto com rapidez. Em pouco tempo estará dominando tudo, desde a plantação da uva até a fabricação do vinho. Aí só terá de usar seu senso organizacional para deixar as coisas em perfeita ordem.

– Não sei se executarei o serviço de modo satisfatório.

– Louis, eu confio em você e sei que não vai me decepcionar. Eu mesmo poderia ir até a Itália, mas o meu trabalho não sairá como o seu, disso tenho certeza. Além do mais, – fala Felipe, usando da mentira para convencer Louis – consultei há pouco mais de uma semana um médico e, após examinar-me, descartou a possibilidade da viagem. É por isso que necessito de sua ajuda.

– Você não está bem de saúde? Que mal o aflige?

– Nada sério, não se preocupe. Apenas recomendou que não me afastasse de Paris.

– Diga-me o que está acontecendo com você, talvez possa ajudá-lo de alguma forma.

– Se você quer me ajudar, por favor, vá para Nápoles. Garanto-lhe que, ao voltar, me encontrará gozando de perfeita saúde. Se fosse possível, deixaria esse trabalho para uma outra ocasião, mas se não reestruturar os vinhedos agora, posso perdê-los e você sentiu na pele, há pouco mais de oito meses, o quanto é difícil esse tipo de perda.

– Está certo, meu amigo – responde Louis, depois de

pensar nas colocações de Felipe, relembrando o incêndio da fábrica de papel. – Não posso negar-lhe esta ajuda. Tenho uma dívida de gratidão com você. Irei para a Itália.

Felipe sorri, satisfeito.

– Quanto tempo essa viagem vai durar, Louis? – pergunta Cécile ao esposo, ao ser notificada por ele de sua ida à Itália.

– O suficiente para que eu organize tudo por lá. Um ano... dois, talvez.

– Não sei se suportarei sua ausência por tanto tempo.

– Se você me ama, Cécile, suportará.

– É claro que o amo... de uns tempos para cá parece que duvida disso.

– Duvidar? Eu? Não... não há motivos para colocar em questão seu apreço por mim – fala Louis, titubeante nas palavras.

– Por que o próprio Felipe não vai resolver esse assunto, já que é o proprietário?

– Tenho uma dívida de gratidão com ele. Você bem sabe que é graças ao marquês de Saint-Michel que não chegamos à nossa desgraça e total ruína. Felipe também confidenciou-me não poder viajar por motivos de saúde.

– O marquês, doente?

– Sim, é o que parece, mas não me revelou do quê vem sofrendo. Agora, se me permite, preciso voltar para meus afazeres.

Cécile acompanha o marido até a porta, despedindo-se. No pensamento da jovem pairam diversas interrogações:

"Felipe, doente? Desde quando? Se for realmente verdade, talvez seja por isso que resolveu ajudar Louis... A doença pode ser grave... talvez seja a razão da transformação repentina, da mudança em seu modo de agir..."

De fato, desde que resolveu amparar Louis, Felipe, propositalmente, começa a modificar seus hábitos. Pouco freqüenta os requintados salões parisienses e afasta-se da companhia das cortesãs. Vai à corte para resolver assuntos atinentes aos negócios e é surpreendido, por muitos, a rezar na capela real do palácio de Versalhes. O que ninguém desconfia é que toda essa mudança é parte do plano elaborado por ele para conquistar o coração de Cécile.

– Senhor marquês, com licença – fala Armand, entrando no salão e dirigindo-se a Felipe, que está sentado defronte ao cravo, executando graciosa música.

– O que quer? – indaga, sem parar de tocar o instrumento.

– O médico da corte está aí e deseja vê-lo.

– Doutor Gérard! Faça com que entre.

– Perfeitamente, senhor.

Minutos depois o facultativo entra no salão.

– Aproxime-se, doutor. – convida o marquês.

– Senhor de Saint-Michel, vim tão logo chamou-me.

– Vejo que é muito pontual, também. O relógio acaba de confirmar isso. Gosta do som do cravo?

– Muito, marquês.

– É um instrumento que combina perfeitamente com a nobreza, não acha?

– Realmente.

– Pois bem. Vou deixar de exercitar os dedos para que possamos conversar. Vamos nos sentar ali – diz, indicando confortáveis poltronas.

Ambos acomodam-se para conversar. O marquês senta-se em sua poltrona preferida, com assento e encosto forrados pelo mais fino veludo de cor azul.

– Preciso de seus préstimos, doutor.

– Deseja saber sobre sua saúde?

– Não. Ela está em perfeito estado, disso estou certo.

– Como posso servir-lhe, então?

– Mentindo!

– Como?! – pergunta o médico, espantado.

– Que eu saiba, o doutor não sofre de surdez! Quero que minta sobre meu estado de saúde.

– Não posso fazer isso, de forma alguma.

– Por uma boa quantia creio que poderá. O que é uma simples mentira perto de preciosas jóias ou, quem sabe, de uma rica propriedade no campo? Diante da recompensa que vou lhe dar por esse pequeno favor, nem mesmo sua consciência irá acusá-lo.

– Jóias?! Casa no campo?!

– Vejo que começa a interessar-se! Pois bem, acho que isso quer dizer que sua resposta é sim. Ouça o que fará: invente um mal do qual eu possa estar sofrendo, algo sério, que inspire cuidados. A cura desse mal depende de um longo tratamento. Não posso nem sequer pensar em viagens... Posso estar sofrendo de grave enfermidade nos pulmões, por exemplo. Depois, quero que espalhe a notícia.

– E o que mais?

– Sempre que alguém lhe perguntar, o doutor irá confirmar que estou enfermo. O resto é comigo. Passarei a vê-lo com freqüência na corte. Outro detalhe: sofro desse mal há pouco mais de oito meses e o quadro vem complicando-se desde então. Exijo de sua parte total sigilo. Esse acordo fica só entre nós, entende?

– É claro que entendo... e quanto aos meus honorários?

– Não se preocupe. Cumprirei com minha palavra. Por enquanto vou lhe dar algumas jóias e, com o tempo, se não me trair, passarei a escritura da casa de campo para o seu nome.

– Não vou traí-lo. Fique sossegado. Ninguém jamais saberá sobre o nosso acordo.

– Ótimo! Pode se retirar.

– Com sua permissão, senhor.

A sós, Felipe dá o próximo passo para a efetivação de seu plano. Começa a escrever uma carta para o administrador dos vinhedos em Nápoles. Na correspondência ordena que oriente o esposo de Cécile e ainda exige que o administrador prejudique o andamento do trabalho de Louis, ameaçando-o de morte em caso do não cumprimento de suas ordens.

8

Falsas transformações

Em meados de novembro de 1777, a fábrica de papel de Louis Lorrain volta a funcionar, totalmente reconstruída. Na primeira semana do novo ano, 1778, ele deixa a supervisão dos negócios aos cuidados de Felipe e de trabalhadores de sua confiança, partindo para a Itália. Cécile, permanecendo em Paris, continua a auxiliar frei Domênico na tarefa da caridade, contando os dias para tornar a ver seu esposo. Convencida pelo marido antes da viagem, aceita a contratação de uma nova serviçal, Sofie, não imaginando tratar-se de uma espiã indicada pelo marquês de Saint-Michel.

O pesadelo que aflige Cécile continua a se repetir, causando-lhe grande temor. "Novas desgraças ainda rondam minha vida?" – pergunta-se interiormente, toda vez que acorda assustada.

Desde a viagem de Louis, Felipe empenha-se, de maneira mais convincente, na sua representação. Repentinas crises de tosse agora tomam conta do marquês enquanto está conversando com amigos. Como combinado com o médico da corte, passa a visitá-lo quase que semanalmente, fazendo questão que freqüentadores do palácio real o vejam junto ao doutor Gérard. Continua, também, a não comparecer às festas a que é convidado e pouco sai de seu castelo. Inclusive seus próprios serviçais passam a acreditar que seu estado de saúde é delicado.

Após o término de mais uma distribuição de sopa aos necessitados, Cécile está em conversação com frei Domênico, andando pelos corredores do mosteiro dos franciscanos:

– Notícias de seu marido? – interroga o ancião.

– As mesmas de sempre, exceto pelo fato de uma praga ter atacado as videiras repentinamente, de maneira devastadora. Isso talvez prolongue a viagem de Louis um pouco mais... O que acho estranho, irmão, é o fato de ele escrever apenas para Felipe, que é quem me transmite as notícias. Desde quando foi para Nápoles, há sete meses, sequer mandou-me uma correspondência.

– Talvez ele não queira aumentar ainda mais sua saudade, Cécile...

– Acho que não se trata disso. Louis partiu estranho. Lembra-se que disse ao senhor que meu esposo parece desconfiar de mim? Será que fiz alguma coisa que o desagradou, tive alguma atitude infeliz?

– Minha filha, como pode pensar nisso? Você é uma excelente esposa, sempre cuidadosa nos atos e palavras. O cansaço natural do trabalho pode estar fatigando Louis e você está vendo os acontecimentos por outro prisma. Aconselho-a que proponha a ele um passeio após seu retorno. Uma temporada no campo fará bem a ambos.

– Acredito que sim... se bem que continuo achando que algo está para acontecer...

– Diz isso por causa dos pesadelos? Filha, são apenas sonhos ruins, nada mais. Atribuir a eles a característica de mensageiros da desgraça não é conveniente.

– Mas o incêndio aconteceu e, duas semanas antes, o pesadelo atormentou-me.

– Coincidência, Cécile!

– Por que, então, esse sonho é sempre igual?

– Filha, isso não sei explicar. Só posso recomendar-lhe trabalho e oração para que não se desequilibre por causa desse seu temor. Você me deixa preocupado toda vez que vem aqui e fala sobre isso. Procure o médico da corte.

– Já fiz isso. Ele me prescreveu alguns chás calmantes. Mas não procurei o doutor Gérard só por esse motivo. Fui conversar com ele sobre Felipe. Há tempos vinha tentando essa conversa, mas só há pouco surgiu a oportunidade.

– Por quê? Felipe não está bem? Sua moléstia agravou-se?

– Não, pelo contrário, o marquês tem apresentado melhoras nesses últimos dias. Queria saber detalhes da doença de que é vítima, um mal dos pulmões que, segundo o médico, inspira cuidados sérios.

– Tentei fazer-lhe uma visita, mas tenho receio. A última vez em que o vi foi quando retornou da Itália. Não foi um encontro agradável e, desde então, tenho notícias do marquês por seu intermédio.

– Pois asseguro-lhe que não há motivos para ficar receoso. Estou muito impressionada com a mudança que vem se operando no caráter de Felipe. Comecei a visitá-lo tão logo Louis ausentou-se. No início sentia grande mal-estar só em pensar na idéia de vê-lo, mas o marquês ajudou-nos muito e uma visita seria o mínimo que poderia fazer... sentia-me na obrigação, como boa cristã que pretendo ser. Mas quando o vi, tive pena dele. Debilitado, conversando com muita dificuldade... Cheguei a pensar no pior.

– Sim, lembro-me. Você me contou isso após essa sua primeira visita. Orei tanto por ele naquela ocasião!

– Pois creia que as suas preces foram de muita ajuda. Então o senhor também deve se lembrar de que, movida pela piedade, passei a freqüentar o castelo de Saint-Michel de maneira mais constante, procurando levar ao doente a boa palavra de ânimo e coragem. Felipe sempre ouvia-me com atenção e agradecia-me, com lágrimas nos olhos. Soube depois, pelos serviçais do castelo, que grande transformação havia ocorrido na pessoa do marquês, que passou a tratá-los com respeito e educação, além de não mais se interessar pela vida social na corte.

– Como poderia esquecer-me disso! Fiquei imensamente satisfeito com o que me contou. Acredito que a boa semente começou a germinar no coração de Felipe, finalmente. O que lamento é que a dor precisou agir para isso acontecer.

– Devo confessar-lhe, meu bom frei, que não acreditei em Felipe no início. Até mesmo duvidei de sua doença, achando que tudo não passava de dissimulação... mas tenho que dizer, envergonhada, que me enganei. Sempre achei difícil Felipe sofrer algum tipo de modificação em sua índole.

– Para Deus nada é impossível, filha.

– Hoje tenho certeza disso. Ontem à noite, ao chegar no castelo, surpreendi-o lendo um livro de pensamentos cristãos.

– Isso é uma bênção!

– Por isso mesmo acho que deve vê-lo. É o momento adequado! Se quiser poderá acompanhar-me amanhã. Comprometo-me a vir buscá-lo. O que o senhor me diz?

– Pedirei permissão ao prior, Cécile. Anseio muito por um reencontro com Felipe.

A jovem Cécile Lorrain tem outra impressão do marquês de Saint-Michel. Não mais o vê como o nobre ambicioso e vulgar que conhecera antes do matrimônio e do qual tinha receio de que Louis se aproximasse. Ela o enxerga agora como um homem marcado pela dor, que acabou descobrindo o verdadeiro sentido da vida através do sofrimento. Gérard informou-a de que o marquês corria, inclusive, risco de morte por causa da doença, a qual, na verdade, nunca existiu.

O fato é que Felipe, desde a viagem do esposo de Cécile, mostra-se cada vez mais frágil e muda seu comportamento. Afável, gentil para com todos, deixa a mesquinhez de lado. Isso traz à boa alma de Cécile fortes esperanças na mudança interior do marquês. Passa a visitá-lo toda semana e permanece por horas a lhe falar sobre temas do Evangelho. O nobre sempre a ouve, com dissimulado interesse, chegando às lágrimas de fingida emoção.

Todas essas atitudes incomuns têm um só objetivo: Felipe

quer ganhar a atenção e a simpatia de Cécile e, a cada novo dia, vai conquistando ainda mais o seu intento.

– Domênico! Mal posso acreditar no que meus olhos vêem! Você veio me ver! – diz o marquês ao receber o frade em seu castelo, demonstrando grata surpresa.

– Eu o trouxe, Felipe. Achei que seria oportuno – comenta Cécile.

– Não poderia ter feito melhor, minha boa amiga. Ah! Domênico, preciso pedir-lhe perdão... a você e a meu pai... Como os julguei mal! Só agora, na enfermidade, é que posso compreendê-los.

Nesse momento, as lágrimas escorrem dos olhos de Felipe, que se esforça em ajoelhar-se aos pés do franciscano humilde. Domênico, visivelmente impressionado, não permite que o marquês continue com seu gesto.

– Não, Felipe! Não há necessidade disso. Ninguém se ajoelha diante do servo, mas sim do Senhor. Se quiser se prostrar, faça isso em espírito aos pés do Mestre de Amor. É graças a Ele que a visão da vida se lhe aclara.

– Sem dúvida... mas preciso de seu perdão. Sempre fui rude com você... Hoje sou capaz de entendê-lo... pena que meu pai partiu antes disso acontecer... – diz, deixando-se envolver novamente pela emoção.

– Seu pai, onde estiver, experimenta grande felicidade nesse instante – afirma Cécile, tocada nas íntimas fibras do sentimento.

– Venham, vamos nos sentar.

– Obrigado – agradece o franciscano.

– Ao retornar para o mosteiro, Domênico, levará para suas obras uma doação minha. Tenho certeza de que em suas mãos ela será bem empregada. Sei que existem sacerdotes corrompidos pela ambição, mas esse não é o seu caso.

– Deus lhe pague, Felipe.

– Não! Eu é que devo fazer algo por Ele, já que me felicitou com o restabelecimento da saúde, que começa a voltar a ser como antes.

– Deveria ter-me procurado no mosteiro quando a doença tornou-se severa. Eu jamais lhe negaria ajuda, filho.

– Não esperava que se agravasse. Sei da moléstia desde a destruição da fábrica de Louis e Cécile. No ínicio não dei a ela a atenção que devia, razão pela qual venho sofrendo nos últimos sete meses. Mas, segundo o médico da corte, em breve estarei totalmente recuperado. O tratamento tornou-se longo porque cometi abusos. Mas saiba, meu caro Domênico, que muito dessa melhora devo à amizade de Cécile...

– Não diga isso, Felipe. Você tem sido tão bom para conosco. Fiz o mínimo que podia diante do tanto que já nos fez... – diz a dama, esquivando-se.

– Você e Louis são meus amigos queridos, tenho a obrigação de ajudá-los.

A conversa prolonga-se por mais de uma hora. Nas despedidas, Felipe pede a irmão Domênico que o abençoe e este último, com viva emoção, atende ao pedido. Após a saída do religioso e de Cécile, o marquês não contém o riso, explodindo em louca gargalhada.

– Tolos! Como são idiotas! Agora entendo por que existem tantos mártires na história do Cristianismo. Os cristãos são ingênuos demais e deviam deixar-se cair facilmente nas mãos dos verdugos, que não encontravam nenhum trabalho para vitimá-los! Já consegui o que queria: Cécile e Domênico estão em minhas mãos, Louis acredita em mim plenamente... conquistei a confiança de todos! Tenho que admitir que foi um grande sacrifício ter que fingir-me doente, mostrar-me bonzinho e submisso a Deus... até mesmo mandar destruir boa parte do vinhedo para ganhar tempo, mantendo aquele imbecil afastado da mulher! Mas tudo isso está valendo a pena. Em breve Cécile será minha!... Pelo menos já posso começar a livrar-me dessa "mordaz" doença – conclui, ironicamente.

Dali por diante, Felipe vai mostrando-se melhor, gradativamente, até que, no Natal de 1778, está totalmente recuperado da falsa enfermidade. Continua, porém, mostrando-se transformado. Passa a visitar Cécile e, quando estão juntos, o principal assunto entre os dois é o verdadeiro significado do ideal cristão, pelo qual Felipe, a contragosto, finge interesse.

O marquês, em todos os seus gestos, é cauteloso. Sabe que deve proceder com todo o cuidado na conquista do coração de Cécile. Pretende ele transformar uma grande amizade em forte amor. Para isso é necessário o uso da paciência. Assim, vai descobrindo o que mais deixa Cécile satisfeita e esforça-se por demonstrar as qualidades admiradas pela graciosa esposa de Louis.

Corre veloz o ano de 1779, sem acontecimentos marcantes nas vidas do marquês, de Domênico e Cécile. Um período de paz envolve os dias da doce dama, ansiosa pelo reencontro do amado que brevemente estará de volta. Ela se vê livre até mesmo do pesadelo que tantas vezes lhe causara temor.

A vida na França, para os pobres, no entanto, cada vez mostra-se mais difícil. Há sensível insegurança nos campos e na cidade. A ira do povo diante dos senhores amplia-se por todo o reino. Teme-se, ainda mais, que uma revolta venha a abalar drasticamente os alicerces da aristocracia. Os franceses ouvem, ainda que timidamente, os ecos de "liberdade, igualdade e fraternidade"*.

* *Liberdade, Igualdade, Fraternidade:* lema da Revolução Francesa, ocorrida no final do século XVIII. Uma revolta do povo contra a aristocracia dominante, que derrubou o absolutismo.

9

Trágico desfecho para o casal Lorrain

Julho de 1780. Em carta endereçada ao marquês de Saint-Michel, Louis anuncia seu retorno próximo. As tarefas nos vinhedos napolitanos estão concluídas. Graças às sabotagens do administrador, a viagem de Louis demorou mais do que o previsto, dois anos e meio, tempo suficiente para que o marquês conseguisse a total amizade e confiança de Cécile. Agora, poderá dar continuidade ao seu odioso plano de ação que visa a separação do casal Lorrain.

– Senhor, uma jovem está aí e deseja uma audiência – avisa Armand ao nobre que está envolvido na leitura de um livro.

– Já sei de quem se trata. Traga-a aqui.

O servo, atendendo Felipe, conduz a jovem até onde está o marquês, deixando-os a sós.

– Meu senhor marquês – fala a recém-chegada, prestando reverência.

– Sofie! Combinamos que nos encontraríamos ontem.

– Não foi possível, senhor. Houve um contratempo. Madame Cécile precisou de meus serviços, não havia como ausentar-me.

– Conseguiu o que lhe pedi?

– Sim – dizendo isso, Sofie entrega ao marquês um lenço branco de linho, com o bordado das iniciais do nome de Cécile.

– Ótimo trabalho, Sofie. Isso vai me ajudar em muito. Lembre-se: é importante dizer ao senhor Lorrain exatamente tudo aquilo que combinamos.

– Sim, senhor... mas não entendo por que devo fazer isso com madame Cécile... ela tem sido tão boa comigo...

– Você não é paga para entender, mas para fazer o que eu mando. Sua família está vivendo melhor depois do dinheiro que lhe dei, não é mesmo?

– Sim. Até compramos um casebre.

– Pois se quiser manter esse casebre e a vida dos seus, é melhor me obedecer.

– Desacatá-lo jamais passou pela minha cabeça, senhor – diz, assustada.

– Você é uma boa menina. Gosto de você, Sofie. Pode ir agora.

– Com sua licença, marquês.

Felipe fica com o lenço nas mãos, admirando-o e sorrindo satisfeito. Pela sua mente desenrolam-se nefastos pensamentos.

Grande é a alegria de Cécile na chegada de Louis. Radiante, vem ao seu encontro para abraçá-lo, depois de tanto tempo sem vê-lo.

Louis sente vontade de corresponder com o mesmo entusiasmo. Quer falar das saudades que vão em seu coração, do tanto que a ama, mas não consegue. Na maior parte da viagem de regresso sua alma esteve acuada, amedrontada com as surpresas amargas que podem reservar-lhe esse retorno.

Enquanto Cécile atira-se nos braços de Louis, este a recebe com tímido abraço e suave beijo na fronte.

– Ah! Quantas saudades, Louis! O tempo só fez aumentar o amor que sinto por você! Por que não me escreveu, meu querido? Por que deixou-me vítima da agonia?

– Sempre escrevi a Felipe, Cécile, pedindo que dissesse a você que tudo corria bem.

– Sim, e ele assim o fez. Mas eu me refiro a cartas para mim. Tentei escrever-lhe, mas diante de sua atitude em não se corresponder comigo, achei que estava sobrecarregado de trabalho.

– Exatamente isso. O trabalho tomou todo o meu tempo. Daí a impossibilidade de lhe dar maior atenção.

– O que há com você? – pergunta Cécile, notando o marido estranho. – Você está diferente, Louis, mudado... Antes mesmo de sua ida para a Itália já estava esquisito... pensei que voltaria melhor, mas vejo que me enganei. Não me escreveu, parece ter-me ignorado... fiz algo que o desagradou? O que se passa em seu coração, meu querido? Fale-me, por favor.

– É o cansaço.

– O cansaço?! – indaga Cécile, inconformada. – Sempre a mesma desculpa, Louis? Por que você não quer se abrir comigo? O que fiz para desagradá-lo tanto assim?

– Isso só você pode saber. Nada lhe passa pela cabeça, minha esposa? – pergunta, secamente, retirando-se para seus aposentos.

Cécile, decepcionada com o comportamento de Louis, deixa que uma lágrima silenciosa e quente corra pelo seu delicado rosto.

Após repousar, Louis vai ao castelo de Saint-Michel, encontrar-se com Felipe, colocando-o a par de detalhes pormenorizados de sua atuação nos vinhedos italianos. O marquês demonstra-se satisfeito com o serviço, não tocando no assunto que atina o cérebro do esposo de Cécile, querendo, com isso, ver o desespero apoderar-se dele. Por fim, temeroso, mas ao mesmo tempo ansioso, Louis indaga-lhe sobre o que mais quer saber:

– Descobriu alguma coisa, Felipe? Conte-me tudo, por favor.

– Sobre o quê? – pergunta com desfassatez.

– Ora, Felipe, não se faça de desentendido. A expectativa da confirmação ou não da fidelidade de Cécile acompanhou-me durante toda minha permanência fora. Nos dias que antecediam meu regresso, o medo apoderou-se de mim ainda mais. Estou às portas do desequilíbrio! Não suporto mais! Fale-me tudo, eu preciso saber.

– Por que não deixa esse assunto para depois? Você acaba de chegar. Precisa se recompor da viagem, que foi cansativa.

– Não! – insiste. – Quero saber, agora! Estou preparado, Felipe, por mais dor possa causar-me o que vou ouvir de seus lábios.

Transparecendo lamentação, o marquês começa a falar.

– As suspeitas foram confirmadas, meu bom amigo, infelizmente. Sofie acompanhou todos os passos de sua mulher, inclusive quando ia ao mosteiro. Mesmo enquanto estive doente, recebi as informações da serva. Domênico é amante de Cécile. Ela está traindo a sua dedicação, desrespeitando o compromisso do matrimônio.

O cérebro de Louis fervilha em ódio profundo. Mesmo assim, procura argumentar.

– Essa serva pode estar mentindo!

– Já esperava que você buscasse subterfúgios para fugir aos fatos. Reclama prova? Pois bem, aqui a tem.

Felipe mostra o lenço que lhe fora entregue por Sofie.

– Reconhece-o? – pergunta o marquês.

– É claro que sim.

– Sofie presenciou, há poucos dias, às escondidas, quando sua esposa entregava esse lenço ao velho, dentro da igreja do mosteiro, jurando-lhe eterno amor. Quando a serva narrou-me o acontecido, fui procurar o prior, e numa busca pela cela* de Domênico, encontramos o lenço nos guardados do frade prevaricador. Por ser algo recente, acho que ainda não deu pela sua falta.

– Isso não pode estar acontecendo!

– Se acha que estou mentindo, meu caro, podemos ir,

* *Cela:* aposentos dos frades ou freiras.

agora mesmo, interrogar a serviçal e o prior. Sinto muito se minhas palavras não são suficientes para fazê-lo enxergar as coisas como realmente são – propõe o marquês, simulando sentir-se ofendido.

– Acredito em você. Não preciso de mais nenhuma confirmação. É difícil aceitar o que está acontecendo...

– Mas está e você não pode mais fugir a isso.

– Como ela foi capaz? Sempre demonstrou ser tão ingênua... não gostava de freqüentar as festas da nobreza com receio das intrigas...

– Ingênua? Uma pessoa que cometeu um delito desses não pode ser chamada de ingênua! Ela vem enganando você há muito tempo. Quem garante que não conviva com a sociedade apenas para parecer, aos seus olhos, uma mulher cheia de virtudes? Agindo assim ela sabia que você jamais teria qualquer dúvida quanto ao comportamento dela e, então, poderia levar sua vida dúbia tranqüilamente, sem correr o risco de ser descoberta... Mas fomos mais espertos do que ela.

– A vontade que tenho é de matar aqueles dois! ...Mataria para limpar minha honra!

– A morte seria um doce final para eles. Segundo o que acreditam, ririam da sua cara no paraíso celeste! Controle-se, meu amigo. Nada de precipitações. Proíba-a de ir ao mosteiro encontrar-se com o religioso. Use de firmeza no trato com sua esposa de agora em diante. Isso vai abalar Cécile, seriamente. Quanto ao frei, posso exigir que o prior mande-o para a Espanha, sem que haja chances dele voltar.

– Pois quero que assim seja.

– Amanhã mesmo procurarei o lacaio gordo no mosteiro.

– Só que não esperarei até amanhã para dar a Cécile o que ela merece!

– Por favor, Louis, cuidado com o que vai fazer.

– Não se preocupe. Não a matarei, ainda.

Cécile está sobressaltada sobre o leito. Acaba de acordar do pesadelo onde é estrangulada, pesadelo que havia desaparecido há bastante tempo e do qual julgara já ter-se livrado. Ainda se recompondo da má impressão causada pelo sonho ruim, assusta-se quando Louis abre a porta do quarto, violentamente. Percebe, apreensiva, que o marido está com o semblante transtornado, assemelhando-se a um louco.

– O que aconteceu, meu querido? – pergunta, com medo.

Louis agarra a esposa pelo braço, fazendo com que ela se levante da cama. Em seguida, esbofeteia fortemente o rosto de Cécile, atirando-a ao chão.

– Vadia! Imunda! – grita. – Por quanto tempo pensou que ainda poderia me enganar?!

– Do que está falando?!

– Hipócrita! Já não há mais necessidade de fingir! Pare com o seu teatro! – dizendo isso, faz com que Cécile levante-se e, segurando-a com força, continua com seu desatino.

– Você é tão suja quanto a pior das cortesãs! Pagará caro por sua traição!

– Traição?! Não sei o que está dizendo... solte-me, você está me machucando...

– Pois saiba que você feriu-me muito mais, sua vadia! Aqui está o seu lenço, veja! Julga-se tão esperta e um simples lenço delata você!

– Pare com isso, por favor!

Louis, com violência, empurra a mulher contra a parede. Cécile, sentindo forte dor, deixa-se cair no chão outra vez.

– Fez-se de vítima esse tempo todo! Iludiu-me até mesmo com pesadelos! Fingia não gostar da corte para se revestir com a auréola da santidade... Alertava-me contra as intrigas palacianas, mas acabei vítima de sua própria baixeza! Você é tão medíocre quanto as damas de Versalhes! Até pior que elas! Ouça bem: nunca mais tornará a ver seu querido freizinho. Ficará trancada nesse quarto até quando eu quiser, cortesã vulgar!

Louis, a passos firmes, sai dos aposentos, trancando a porta pelo lado de fora. Cécile, entre lágrimas, vai até ela e constata, forçando a maçaneta, que realmente ele a deixara ali, sem a possibilidade de sair do quarto. A pobre jovem, vítima da calúnia, ajoelha-se junto à porta e chora convulsivamente, sem entender o que está acontecendo.

Abatida, olhos inchados de tanto chorar, sem ter feito qualquer refeição há dois dias, a jovem dama está orando, quando percebe que a porta do quarto é aberta. Louis entra, altivo.

– Por favor, eu lhe imploro... o que está acontecendo? Por que está me tratando assim? Tenho o direito de saber...

– Não tem mais direito algum, a absolutamente nada.

– Sou sua mulher...

– Deveria ter pensado nisso antes de cometer seus delírios. Mas tenho uma notícia para você: Domênico será enviado para a Espanha daqui a quatro dias! Nunca mais você o verá de novo!

– Frei Domênico? Mas por quê? O que o franciscano tem a ver com essa história? Responda-me, Louis, por favor!

– Pare com esse fingimento! Cale sua boca! – altera-se – Você ainda vai permanecer aqui, mas poderá alimentar-se. Não é meu objetivo matá-la tão cedo. Quero que, antes, sofra muito.

Louis sai e tranca o quarto.

Cécile vai para perto de um grande quadro existente numa das paredes. Na tela está retratada a figura da Mãe de Jesus. Maria é representada sentada sobre uma pedra, em meio a paisagem campestre. Usa longo vestido cor-de-terra, manto azul escuro com nuanças mais claras em alguns pontos e véu com listras verdes, amarelas e da mesma cor-de-terra do vestido. Está descalça e parte dos cabelos que não estão cobertos pelo véu pode ser notada. Muito jovem, com serenidade angelical, segura no colo seu filho Jesus, ainda criança, amparando-o com uma das mãos e, na outra, oferece ao Menino um cacho de belas uvas. Jesus, terno, trajando delicado e simples vestido azul-celeste, com sua delicada mãozinha pega um bago da fruta, cruzando as perninhas. Os pés da Divina Criança também estão descalços. O quadro transmite, com maestria, o mais profundo amor maternal, tamanha sua beleza.

Cécile, genuflexa diante da tela, começa a orar, abrindo o coração em lágrimas de dor:

– Santíssima Senhora, voltai os vossos olhos, cheios de piedade, sobre a minha pequenez!... Sofro, minha Senhora, sem mesmo saber o porquê... Tende piedade de mim, aliviai minha dor, por caridade... Retirai o ódio injustificável da alma de Louis... Que mal pratiquei, minha Santa Mãe, se até hoje venho me dedicando pela paz em meu lar, pelo bem de meu marido?... Fostes mulher, portanto conheceis meus sentimentos, meu coração... Estendei vosso manto sobre essa humilde filha, para que ele cicatrize as feridas que foram abertas... Ah, Auxiliadora dos Cristãos, não volteis contra mim vossa face amorável!... Expulsai a angústia que me prostra ao solo! Sou vítima da intriga, Senhora! Em nome de vosso Filho, que também foi vitimado pela injustiça dos homens, socorrei-me para que eu não sucumba... Por favor... – nesse instante, suas palavras são interrompidas pelo pranto.

Irmão Domênico é enviado à Espanha, sem saber as razões pela qual o prior houvera tomado a decisão. Depois de permanecer trancafiada em seus aposentos por três semanas que pareciam intermináveis, Cécile recebe a permissão de Louis para sair do quarto, porém ele a proíbe de ausentar-se da casa. A jovem a tudo sofre calada. Sua vida transforma-se num orar contínuo pelo marido e pelo frade querido que tem em conta de pai muito amado, do qual não obtivera mais notícias.

As refeições são o momento mais doloroso para Cécile. Parece estar na companhia de um estranho, que sequer lhe dirige o olhar. Louis passa, também, a dormir em outra dependência da casa. Com o decorrer do tempo, é obrigada a freqüentar o fausto da corte na companhia do esposo, sob cruéis ameaças. Mantém-se em silêncio, sendo forçada a agir como se tudo estivesse bem entre eles, inclusive quando Louis galanteia outras damas com o intuito de humilhá-la. Cécile não esboça qualquer gesto, temendo a reação do marido.

Essa situação perdura por nove longos meses, até o dia em que Felipe, encontrando Louis nos jardins de Versalhes, fala sobre o assunto:

– Meu caro, começo a preocupar-me. A corte já comenta sobre você e sua mulher – mente. – Algum de seus servos deve ter dado com a língua nos dentes e espalhado o que se passa dentro de sua casa. A notícia, veiculada de boca em boca, já chegou até aqui. Você bem sabe o quanto os serviçais são linguarudos e que muitos têm contato com os criados do palácio. Os nobres chamam-no de frouxo, por continuar abrigando a traidora sob o mesmo teto... Isso não é bom para sua imagem, Louis, e se tornará pior se descobrirem que ela o traiu com um frade! Você será motivo de chacota!... Sua honra está em jogo e é necessário tomar uma atitude. Não acha que Cécile já recebeu o que merecia? Não é hora de expulsá-la e voltar a viver?

– Cedo ou tarde teria que tomar essa decisão...

– E vai tomá-la tarde! O que queria, reconciliar-se?

– Não! Isso nunca!

– Pois o que está esperando?

– Nada mais. Amanhã Cécile sofrerá o escárnio público. Vou mandá-la de volta aos pais. Eles não a vêem desde o nosso infortunado casamento, quando fixaram residência em Leipzig*. Será uma desgraça para a família.

– Não mais que para você se não tomar essa atitude.

No trajeto do palácio para sua casa, Louis está mergulhado nas recordações: lembra-se do dia em que conhecera Cécile, de como se encantou com ela, sendo capaz de abandonar a antiga conduta diante da vida social para conquistar o coração da jovem... Depois, a ocasião em que desposou Cécile, a felicidade daquele momento, a convivência juntos... Surge, então, a desconfiança levantada

* *Leipzig:* cidade da Alemanha.

pelo marquês de Saint-Michel, a conversa de Cécile e Domênico na capela do mosteiro, a qual acompanhou à distância, a insegurança gerada em seu coração, o medo, a confirmação da traição no lenço da mulher amada...

"Como gostaria que nada disso estivesse acontecendo..." – pensa, com tristeza.

Ao chegar em casa, Louis surpreende-se. Sofie, que ainda trabalha para os Lorrain, vem ao seu encontro. Está nervosa e chora. A princípio, Louis pensa que algo aconteceu com Cécile.

– O que há, Sofie? Alguma coisa se passou com sua senhora?

– Nada, meu senhor. Eu é que não agüento mais ver madame abatida e triste, sabendo que tudo é culpa minha... o remorso está me enlouquecendo!

– Culpa sua? De que está falando?

– Perdoe-me, senhor... minha família precisava de dinheiro... eu não sabia que as coisas chegariam ao ponto em que estão... não é justo que madame continue sofrendo, senhor, ela é inocente! Perdoe-me, por favor... – pede a serva, em desespero.

– Sofie, eu exijo que seja mais clara! Por que diz que Cécile é inocente? Vamos, responda!

– Tudo não passou de uma armação do marquês de Saint-Michel. Ele obrigou-me a entregar o lenço... mandou que eu o pegasse nos pertences da senhora... ele me ameaçou e ainda exigiu que mentisse para o senhor sobre sua mulher e o frade... Perdoe-me, eu precisava de dinheiro...

Louis está perplexo com o que acaba de ouvir. Fora enganado pelo próprio amigo, a quem julgava acima de quaisquer suspeitas e em quem confiava cegamente. Tudo em sua mente começa a fazer sentido: a insistência de Felipe em afirmar a traição da esposa, a idéia de vigiar seus movimentos no mosteiro, a viagem de negócios, a contratação da serva.

– Madame Cécile não tinha outro relacionamento com o bondoso frade senão o de uma filha com um pai. Seus assuntos sempre foram o amor cristão e a caridade... – fala Sofie. – Senhor, vou deixar essa casa imediatamente... minha família e eu iremos embora de Paris, pois temo que o marquês nos faça mal, agora que lhe contei toda a verdade... ele é um homem perigoso, senhor...

– Pegue logo suas coisas e suma da minha frente, antes que eu acabe com sua vida! – grita Louis, fora de si.

Sofie sai correndo, ainda chorando, arrependida por ter trazido à vida de Cécile tanta desgraça. Louis, com o raciocínio enegrecido pelo ódio, obriga o cocheiro a retirar da carruagem um dos dois cavalos e prepará-lo para montaria.

– Senhor, tem certeza de que não quer usar a carruagem? – pergunta o cocheiro, entregando-lhe o animal.

– Não! Com o cavalo chegarei mais rápido! – responde, saindo em disparada para o castelo de Saint-Michel.

Quando está na estrada que conduz ao castelo, vê que a carruagem do marquês está bem à sua frente. Felipe está regressando de Versalhes, onde se encontraram pela última vez. Esporeando o cavalo, Louis consegue aproximar-se do carro.

– Felipe! Quero falar com você, agora!

– Louis! – espanta-se o ocupante do veículo.

– Quero falar com você!

– Vamos até o castelo. Já estamos próximo a ele – propõe o marquês.

– Não! Desça da carruagem!

Felipe repara que Louis está agitado.

– Cocheiro, vá para o castelo. Não estamos longe. Seguirei a pé depois de conversar com meu amigo – ordena o nobre.

– Tem certeza, senhor? Não é melhor que eu o espere?

– Faça o que mandei!

Quando a carruagem some da vista dos dois homens, Louis desce do cavalo e desembainha sua espada.

– O que é isso?! – indaga Felipe, assustado.

– Canalha! Covarde! – descontrola-se Louis. – Por que destruiu minha felicidade com Cécile?! Responda-me, covarde!

– Então já soube? Alguém falou mais do que devia. Não se pode confiar em pessoa alguma mesmo...

– Por que fez tudo isso? O que quer de mim, maldito?!

– Ainda pergunta? Ora, Louis, você é um homem inteligente, pense um pouco! – e continua, com sarcasmo. – Sabe qual é o seu problema, meu amigo? Não? É importar-se demais com o que os outros dizem... você é facilmente sugestionável! Um ótimo empreendedor nos negócios, porém inseguro, especialmente no que diz respeito à sua mulher!

– Desgraçado! – diz Louis, desferindo no marquês violento soco no rosto, que o derruba no solo.

Felipe percebe o sangue escorrer-lhe pelo nariz, mas, perverso, levanta-se e continua sua provocação:

– Acha que mereço apanhar só por dizer a verdade? Cécile não é para você, imbecil. Nunca foi!

– Então é isso?

– E o que mais poderia ser?!

– Como não pensei nisso antes?! Foi você quem chamou minha atenção para a suposta infidelidade de Cécile, quem sugeriu vigiá-la... Você me fez viajar, indicou Sofie e entregou-me a prova da traição! Como fui tolo!

– Você esqueceu de mencionar o incêndio...

– O quê?!

– Ora, Louis, de que maneira poderia conseguir sua total confiança? Um benfeitor, alguém que o ajudou na hora difícil, jamais seria capaz de prejudicá-lo! Mas posso afirmar-lhe que tudo isso foi um imenso sacrifício para mim... É verdade! Ter que aguardar tanto tempo para conseguir meu objetivo, ter que destruir um prédio inteiro, subornar pessoas, inventar uma doença e mantê-lo afastado por dois anos e meio! Ah!, a propósito, creio que não conversou com Cécile sobre o quanto nossa amizade cresceu durante sua ausência... Transformei-me, Louis! Até isso tive que fazer, veja você! Passei a ser um fiel e bom cristão para que sua esposa confiasse em mim. Pena que, justamente quando as coisas caminhavam para o final esperado, faltou-me sorte e você descobriu tudo. Com Cécile domiciliada em Leipzig, junto aos pais, seria muito fácil para mim, sumir de Paris, sem deixar rastros, e ir ao encontro dela. Tornar-me-ia um dedicado amigo, mais do que tenho tentado ser e, facilmente, faria com que se tornasse minha mulher! Eu não me importaria em deixar para sempre a França, meu amigo.

– Você pagará caro por tudo o que fez! Vou cobrar, moeda por moeda, todo o sofrimento que infligiu-nos, a mim e à Cécile!

– Deixe de palavras, Louis! Vamos, mate-me logo! O que espera?

– Não, a morte é nada comparada ao que farei. Vou desmascará-lo, senhor marquês! A corte adora isso! Todos se voltarão contra você, não será capaz de suportar o desprezo, será expulso do convívio de todos como um cão imundo!

– Cale a boca! Use a espada que tem em punho!

Louis sente vontade de pôr fim à vida do marquês ali mesmo. Mas, num supremo esforço controla-se e, guardando a espada na bainha, dá as costas para Felipe e prepara-se para montar em seu cavalo.

– Idiota! – grita o marquês de Saint-Michel, sacando uma pistola que traz consigo.

O esposo de Cécile não tem tempo sequer de encarar o assassino. Numa manobra rápida, Felipe dispara o gatilho e um tiro certeiro atinge as costas de Louis, que cai por terra.

Felipe contempla sua vítima que, ensangüentada, agoniza. Sem a menor compaixão, ainda é capaz de escarnecer, dando mostras da perversidade que encontra morada em seu coração:

– Poderíamos ter um final diferente, meu caro amigo. Gostaria de me unir a uma jovem abandonada pelo esposo, mas você obrigou-me a desposar uma viúva. Não se preocupe, cuidarei de Cécile, tenha certeza.

O marquês de Saint-Michel deixa Louis jogado na estrada e ruma para seu castelo.

Sentindo que as forças se esvaem, Louis vê em sua mente a imagem de Cécile. Em pensamento, suplica-lhe perdão por todo o mal que a fizera sofrer injustamente, e duas sentidas lágrimas rolam de seus olhos pouco antes do momento em que se entrega à morte.

10

Inesperados acontecimentos

Cécile recebe a notícia da morte de Louis como profundo punhal a lhe transpassar o peito. Sustentada de perto pelo marquês de Saint-Michel, acompanha a cerimônia fúnebre, que está repleta de ilustres figuras da nobreza francesa. Durante toda a missa réquiem* divaga pelas lembranças felizes, sem entender por que tamanha tragédia pusera fim às suas mais ternas alegrias. Sequer pôde ouvir qualquer explicação do marido sobre sua mudança de comportamento, antes tão gentil e nos últimos meses tão rude. Como gostaria de saber por que motivo a desconfiança de Louis recaíra sobre ela.

De olhos marejados, sem o fulgor que demonstravam nos tempos alegres, extremamente abatida, Cécile acompanha o cortejo até o cemitério e, amargurada, vê a urna

---

* *Missa réquiem:* cerimônia religiosa solene pela alma de um morto, onde uma composição musical sobre o texto litúrgico é executada e cuja introdução começa com as palavras latinas *réquiem aeternam* (repouso eterno).

mortuária baixar à sepultura, como se tudo não passasse de uma ilusão. Tem a impressão de que a qualquer momento Louis chegará, o mesmo galante Louis que a desposara, e novamente entregará a ela todo o seu amor, com veneração e carinho.

Despertada do transe pelas mãos de Felipe, que repousam suavemente sobre seus ombros, Cécile é conduzida de volta ao lar. Quando entra em casa e observa o ambiente ao seu redor, nota que tudo agora é vazio e triste. Sente que a vida transformou-se em pesado fardo. Se ao menos frei Domênico estivesse ali, talvez encontrasse um pouco de consolo e força de viver.

– Cécile, você precisa descansar agora. – alerta Felipe, carinhosamente, acomodando a recém-viúva numa poltrona.

– Felipe, que farei de minha vida sem Louis?

– Você ainda é jovem, tem muitos anos pela frente e deverá vivê-los bem.

– Conte-me como o encontrou... como ele estava antes de ser morto?

– Não, Cécile, isso não lhe fará bem. É melhor que não saiba.

– Por favor, eu imploro.

Atendendo a solicitação da dama, Felipe começa a narrar, à sua maneira, como foram os últimos instantes de Louis:

– Voltava do palácio de Versalhes quando Louis abordou-me na estrada que conduz ao castelo. Ele estava agitado. Pensamentos infelizes torturavam-lhe. Como encontrava-me perto de meu destino, pedi ao condutor da carruagem que nos deixasse, pois Louis nem sequer quis acompanhar-me até o castelo. Então, falou-me que tomaria uma atitude: iria separar-se de você e a mandaria a Leipzig, para a casa de seus pais, pois não suportava mais ser taxado de frouxo, por todos na corte – e após breve pausa, continua. – Cécile, não desconheço que seu casamento não ia bem. Mordaz mentira a seu respeito contagiou o cérebro de Louis. Ao chegar da Itália, confidenciou-me que tinha a certeza de que você o traía com Domênico...

– Traição?! Com irmão Domênico?!... – admira-se. – Agora entendo por que ele se referia ao frade com tanta veemência...

– Também fiquei surpreso quando Louis falou-me dessa forte certeza. Tentei, a todo custo, expulsar essa idéia do pensamento de meu amigo, mas ele não me ouviu. Trazia consigo um lenço que dizia ter sido entregue por você ao franciscano. Perguntei-lhe como o havia conseguido e disse-me apenas que um espião, que acompanhava todos os seus passos enquanto ele estava ausente, entregara-lhe a prova da infidelidade.

– Mas isso é um absurdo! Quem seria capaz de cometer uma maldade dessas conosco?! Quem me vigiava? Sofie foi a única pessoa que Louis fez questão que ficasse aos meus serviços... e desde ontem não a vejo...

– Eis aí a espiã! Quando soube da morte de Louis, com medo de ser descoberta, deve ter fugido. Certamente também estava a serviço do caluniador, sem que meu amigo desconfiasse... Eu tentei, por inúmeras vezes, demover Louis dessa inverdade. Quis procurá-la, mas seu marido proibiu-me. Queria mantê-la incomunicável... Louis sentia tanto ódio que conseguiu a transferência de Domênico para a Espanha!

– Louis foi o responsável por isso?!

– Infelizmente, sim. Domênico, um homem cuja bondade compreendi tão tardiamente!... Ah! todos vocês foram vítimas de alguma mente doentia que se compraz com a disseminação da desgraça e nem sequer saberemos quem conseguiu concretizar o cruel intento de vê-los infelizes... Pois bem, – continua com a narrativa – depois de longamente conversar com ele na estrada, tentando impedir-lhe o gesto insensato, pedindo para que não escutasse as ferinas palavras das pessoas da corte, não obtive sucesso algum. Louis esperava que eu o apoiasse, uma vez que sua honra estava em jogo, mas, conhecendo-a tão bem e ciente do nobre caráter de Domênico, não podia fazer aquilo. Irritado comigo, Louis subiu no cavalo e saiu em galope. Porém, quando estava prestes a iniciar minha caminhada para o castelo, ouvi, não muito longe, o estampido surdo de uma arma. Voltei correndo pela estrada e, poucos metros adiante do local onde conversávamos, encontrei Felipe caído no chão, já sem vida. O autor do disparo talvez tenha sido algum bandoleiro que se escondia na mata e que tentou assaltar seu marido. Se, ao menos, Louis tivesse me acompanhado até o castelo, nada disso teria acontecido – lastima-se Felipe, com fingido pesar.

Cécile, de cabeça baixa, chora silenciosamente.

– Tudo faz sentido... foi por isso que ele tanto ignorou-me enquanto estava na Itália.. sequer me escrevia...

– Você vai se deitar um pouco – fala o marquês. – Pare de se martirizar, rememorando tudo o que aconteceu.

– Por favor, Felipe, escreva a meus pais contando-lhes tudo o que se passou.

– Não se preocupe. Farei isso ainda hoje.

O marquês acompanha Cécile até seus aposentos, onde a entrega aos cuidados de uma criada, recomendando à serva que prepare reconfortante caldo para sua senhora. Nas despedidas, Felipe promete visitá-la no dia seguinte, bem cedo.

No caminho de volta, o inescrupuloso marquês de Saint-Michel vibra intimamente, pensando no momento em que terá Cécile para sempre ao seu lado:

"Agora só é preciso dar tempo ao tempo e cercar Cécile de cuidados e atenções. Aguardarei o período de luto, aproximar-me-ei ainda mais e então ela será minha!"

Semanas depois, os pais de Cécile chegam a Paris para auxiliar a filha em suas necessidades. Felipe, sempre atencioso, visita-a diariamente.

Enclausurada na tristeza, a jovem viúva em nenhum momento deixa de trazer na memória a figura de Louis. Alimenta-se pouco e, em razão disso, está com a saúde debilitada. Também sente saudades de suas conversas com o velho frade. Adoraria reencontrá-lo, expor a ele o que vai em seu coração, mas sabe que isso não é mais possível. Sempre entregue à leitura de livros cristãos, Cécile vai definhando, aos poucos, à maneira de uma estrela que lentamente vai se apagando. Muitas noites passa em claro, não consegue dormir. Quando o sono vem, é quase sempre agitado ou nele está presente o pesadelo que tanto a atormenta.

Passam-se as horas, os dias, os meses, o ano...

Cécile ainda veste luto. A infelicidade que está vivendo há tanto tempo envelhece seu rosto. Felipe, o frio assassino de Louis, numa manhã de setembro de 1782, visita Cécile em sua casa. Aliás, desde que a desventura cobriu de negro a mulher por quem foi capaz de cometer graves delitos, o marquês não deixa de vê-la em nenhum dia sequer.

– Você precisa alimentar-se melhor – diz Felipe, com preocupação.

– Tenho feito o que posso...

– Deve esforçar-se mais ou então necessitará de cuidados médicos. Para o seu próprio bem, volte a viver... não me alegro em vê-la assim. Ficar enlutada pelo resto da vida não tornará as coisas melhores.

– Posso tirar as vestes que representam a dor, mas ela ainda continuará em meu coração.

– Lembra-se de quando estive doente e você me visitava? Naquelas ocasiões você me fortalecia e pedia para que tivesse bom ânimo diante das dificuldades... recomendou que me entregasse nas mãos de... Deus.

– É graças a Ele que me mantenho de pé, por mais difícil a situação em que me encontro mergulhada. Em nenhum momento deixei de buscar refúgio em Seus braços. Deus é quem vem me dando forças para continuar da melhor maneira. Engana-se insinuando que eu O tenha esquecido. Muito menos estou revoltada com o destino que o Senhor da Vida reservou para mim. Submeto-me à vontade do Altíssimo. A Santíssima Senhora também sentiu dor ao ver o Filho sendo morto pelos algozes, no entanto, continuou em sua aceitação silenciosa, com o coração sempre saudoso... A falta que sinto de Louis não será preenchida. Por mais que eu viva, jamais deixarei de amá-lo e ansiar pelo nosso reencontro depois da morte.

O marquês é tomado pela ira. Mesmo depois de morto, Louis ainda é obstáculo para a concretização de seu objetivo. Procurando conter-se, tenta desfazer a impressão causada:

– Cécile, jamais quis insinuar que você tenha-se esquecido de Deus, muito menos voltado-se contra Ele. Sei que é dona de um coração generoso, onde a revolta jamais se instalaria.

– Nem mesmo o ódio ao assassino de meu marido encontra guarida em mim. Seja ele quem for, terá que prestar contas de seu ato a Deus.

Felipe, nesse instante, sente o corpo gelar.

– Minha querida, ouça-me – pede o marquês, segurando as mãos da dama. – Louis está morto e não vai voltar. Pense na possibilidade de uma nova união. Talvez alguém que se dedique a você, tanto ou mais que Louis... Você é jovem, pode casar-se outra vez... alguém que a ame, que a compreenda, que se entregue a você totalmente, pode fazer com que esqueça seu finado marido e tenha novamente a alegria de viver...

Cécile, porém, não consegue ouvir totalmente o que Felipe está falando. Grande mal-estar acomete-a, fazendo com que perca os sentidos e desmaie.

– Cécile! Cécile! Acorde... – exaspera-se o nobre. – Maldição! – grita. – Onde estão os criados dessa casa quando mais se precisa deles?!

As palavras de Felipe ecoam pela grande sala da residência. Logo, duas servas aparecem.

– Depressa! Façam com que um mensageiro vá até a corte e traga o médico, rápido! Madame Cécile precisa de cuidados urgentes!

– Sim, senhor – diz uma das serviçais que, apressadamente, vai cumprir a ordem do marquês.

– E quanto a você – fala dirigindo-se à outra criada – prepare os aposentos. Vou levá-la para o quarto.

A serva sobe, às pressas, a escada que conduz ao dormitório. Nisso, a mãe da jovem dama chega na sala:

– O que aconteceu com minha filha, senhor marquês?! – pergunta, assustada.

– Não sei ao certo... Desmaiou enquanto conversávamos...

– Oh, Deus!

– Acalme-se. Já pedi para que chamassem o doutor Gérard. Em breve estará aqui.

Dizendo isso, Felipe carrega Cécile nos braços e leva-a até o leito.

– Seu estado requer rigorosos cuidados. Está fraca e o organismo seriamente comprometido pela alimentação deficiente. Estou deixando esses remédios. Dêem-nos conforme minha orientação. Voltarei amanhã para vê-la.

– Há riscos, doutor? – interroga, aflita, a mãe da doente.

– Infelizmente, sim. Sua filha está muito vulnerável. Espero que com os medicamentos possa reagir. Porém, se a situação agravar-se, teremos que mandá-la para uma enfermaria. Deixem-na repousar.

– Obrigado, Gérard. A criada o acompanhará até a porta – afirma o marquês ao médico que se retira.

– Também o acompanho, doutor – diz a mãe de Cécile.

Vendo-se sozinho no aposento, Felipe aproxima-se da cama onde Cécile parece dormir profundamente.

– Minha adorada... – fala amargurado – você tem que melhorar...

Cécile abre os olhos calmamente e fita o marquês ao seu lado. Num esforço supremo, balbucia seu nome.

– Fe... li... pe...

– Não diga nada, você precisa descansar.

– Traga-me Do... Domênico... Peça que venha me ver antes que seja tarde... Consiga isso... por... favor...

Após as palavras entrecortadas, a jovem dama volta a fechar os olhos.

Felipe, perturbado, dirige-se imediatamente para o Mosteiro de Nossa Senhora da Conceição.

Chegando ao local, o marquês invade a sala do prior da ordem.

– O que significa isso? – pergunta o religioso, aterrorizado.

Felipe agarra-o pela gola do hábito e ameaça-o:

– Ordeno que traga Domênico de volta!

– Não entendo! Foi o senhor quem obrigou-me a mandá-lo para a Espanha...

– Não questione minhas ordens! Se falar o que sei a seu respeito posso acabar com o seu sossego! Obedeça-me! Você é meu servidor, está em minhas mãos.

– Verei o que posso fazer – diz, amedrontado.

– Não posso esperar nem mais um minuto. Mandará buscá-lo agora. Poderá dispor de minha carruagem para tanto.

– Assim, tão repentinamente?! É quase impossível!

– Vire-se! – fala Felipe, em alta voz. – Vou escrever uma carta contando a Domênico o que está se passando e você a entregará!

– Eu?! Ir para a Espanha?!

– Exato! E se não trouxer o frade com você, mato-o tão logo pise em solo francês!

Dias depois, Domênico chega a Paris e encontra o marquês e os pais de Cécile em profunda desolação. A doença da jovem agrava-se visivelmente. Ela delira, ardendo em febre.

– Domênico, ela não pára de chamar por você – afirma Felipe, inquieto. – Salve-a, por caridade.

– Isso, infelizmente, não depende de mim. Leve os pais dela com você, deixem-me a sós com a enferma.

Todos se retiram do quarto e a porta é fechada.

O bondoso frade, cheio de comiseração, aproxima-se do leito onde está Cécile, podendo ouvir as palavras da jovem em delírio:

– Alguém me ajude... Solte-me... Não! Largue meu pescoço, você está me sufocando... Afaste-se, por favor...

– Filha, muita calma. Eu estou aqui, veja.

Saindo do angustioso transe, Cécile vê irmão Domênico ao seu lado. Leve sorriso esboça-se nos lábios da jovem, cuja face está repleta de gotas de frio suor.

– O senhor... veio me ver... Louvado seja Deus! A desgraça... desabou sobre mim... frei...

– Já sei de tudo, minha filha. Uma correspondência de

Felipe colocou-me a par dos acontecimentos. Não relembre os fatos tristes, esse não é o momento.

– Que bom o senhor ter chegado... pode abençoar-me... antes da... partida...

– Você não vai morrer.

– Vou sim, sei disso... resta-me pouco tempo...

– Não fale. Está se desgastando.

– Eu preciso falar... Sofri muito, frei... Louis destratou-me sem que eu merecesse... Fomos vítimas da maldade humana, mas mesmo assim, jamais deixei de amá-lo... talvez agora, que meus padecimentos estão prestes a... terminar... eu o reencontre... Peço a Deus que perdoe os meus erros... Sentirei falta dos nossos camponeses, dos momentos em que procurávamos diminuir-lhes a aflição... saciar-lhes a fome e a... miséria... Cuide deles... não os abandone... Ser ignorada, ser esquecida, é uma provação muito difícil... passei por essa experiência...

Irmão Domênico, com lágrimas nos olhos, afaga os cabelos de Cécile, que também começa a derramar o pranto.

– Meus pais sentirão muito a minha falta... – prossegue – ajude-os, irmão, por favor... cuide, também, de Felipe... Preciso agradecer ao senhor todos os bons conselhos e exemplos que me deu... graças a eles é que pude ser... um pouco mais... forte... Se não os tivesse recebido de sua generosidade teria... me curvado mais facilmente sob o peso... da dor... Abençoe-me... frei... Reze por mim e por Louis... Agora, já posso seguir em paz... Que o Senhor me receba... num mundo melhor... se eu o merecer...

Ao terminar, com dificuldade, as últimas palavras, Cécile tomba a cabeça para o lado, sem vida. Com profundo pesar, o religioso a abençoa e, nesse momento, Felipe entra no quarto e depara-se com a cena.

– Cécile! Cécile! – chama-a, precipitando-se para o leito.

– Acaba de entregar a alma a Deus, meu filho.

– Não! Eu não posso acreditar! – desespera-se. – Faça alguma coisa, Domênico! Vamos levá-la para a enfermaria!

– Não há mais nada a ser feito, Felipe. Cécile está morta.

– Isso não deveria acontecer! Eu não queria isso! – grita.

– Ninguém quer a morte de ninguém, filho, mas essa foi a vontade de Deus... temos que nos conformar com ela, por mais difícil nos seja.

– Ao inferno com seu Deus!

– Felipe! Não repita essa blasfêmia! O que há com você? – pergunta Domênico, com estranheza.

– Se pensa que eu me transformei, caro tolo, engana-se!

– Mas você parecia...

– Cale-se! – interrompe o marquês, bruscamente. – Guarde suas idiotices unicamente para quem compartilha delas!

Felipe retira-se, inconformado. O religioso ali permanece, sem nada entender.

⚜

Após os funerais de Cécile, o marquês de Saint-Michel

retoma seus antigos hábitos. Passa a ser visto novamente na companhia das cortesãs e nos salões. Torna-se displicente nos negócios e entrega-se, com freqüência, à embriaguez, procurando fugir às lembranças da jovem, que o atormentam. Essa situação agrava-se no outono de 1783, quando um fato inusitado acontece: andando pelos jardins de sua propriedade, o marquês é surpreendido por alguém que o chama.

– *Felipe!*

O nobre olha ao redor e não vê ninguém. Julga que o chamado é fruto de sua imaginação.

– *Não está me vendo, senhor marquês? Sempre tão astuto, tão sagaz e não consegue enxergar um palmo à frente do próprio nariz?* – torna a estranha voz.

– Pare com essa brincadeira ou serei obrigado a chamar os guardas. Apareça!

– *Mas eu estou aqui, bem à sua frente! Olhe para mim, ou não tem coragem de me encarar depois de tudo o que fez?!*

– Quem é você?! Diga-me, eu ordeno!

– *Fruto da bebida consumida em excesso não sou, pois hoje ainda não se embriagou! Aliás, tenho acompanhado seus passos, bem de perto. É lamentável vê-lo caindo pelos salões... isso não é digno de um nobre tão ilustre!* – diz, rindo depois, ironicamente. – *Talvez eu seja a sua consciência culpada! Ou você não sente a menor culpa pelo que fez?*

– O que você sabe?!

– *Por quanto tempo pensou que poderia esconder seus crimes? Canalha! Covarde! Não sentiu pena em destruir a vida de uma jovem tão formosa? Além de matar inescrupulosamente o marido dela, também a fez morrer!*

– Pare com isso! Vou chamar os guardas...

– *Chame-os! Em mim não conseguirão pôr as mãos, posso garantir-lhe. Como capturar o que não se vê?*

Estonteante gargalhada é ouvida por Felipe.

– Guardas! – chama o marquês.

Logo dois homens se apresentam.

– Depressa! Vasculhem todo o jardim. Alguém burlou a vigilância e entrou aqui.

– Impossível, senhor – responde um dos dois guardas.

– *Ouça o rapaz, Felipe* – torna a estranha voz. – *Ele tem toda razão no que está dizendo!*

– Ouviram?! Está por aqui, atrás de algum arbusto ou árvore.

– Não ouvimos nada, marquês – afirma um dos homens, olhando desconfiado para seu companheiro de trabalho.

– Como não?!

– Perdoe-nos, senhor, receamos nada ter escutado.

Felipe novamente observa o lugar ao redor. O castelo é bem guardado, sendo realmente impossível que alguém conseguisse entrar sem ser visto.

– Talvez estejam certos... Voltem a seus postos.

– Perfeitamente.

Felipe recolhe-se aos aposentos. No sono, procura desfazer-se da sinistra impressão.

A partir de então, aquela desconhecida voz passa a roubar a paz do marquês, acusando-o severamente pelas atrocidades cometidas contra o casal Lorrain. Onde quer que esteja, em seu castelo ou na corte, ela o persegue, mordazmente.

– *No que se transformou o poderoso marquês de Saint-Michel! Mal posso acreditar, Felipe, que esteja agindo assim! Sua adega deve estar vazia!*

– Suma! Deixe-me em paz!

– *Deixá-lo?! Jamais! Vou acompanhá-lo para sempre! Chega a ser engraçado que venha me pedir paz...*

– Começarei a ignorar o que diz!

– *Não irá conseguir, meu bom amigo. Deveria ter pensado antes de agir. Seus atos torpes é que me transformaram em seu parceiro inseparável. Já não poderá mais recusar minha companhia... Você não gosta de mim, é isso? Faço-lhe mal?*

– Pare de zombar de mim!

– *E você, durante toda sua vida medíocre, só não fez zombar também? Consegue imaginar a gravidade de suas ações? Em sua sanha de conquista não pensou em suas vítimas? Conquistou a confiança de todos e depois deu-lhes o golpe fatal! Até mesmo envolveu um religioso, um pobre coitado, nas suas insanidades...*

– Estou ficando louco...

– *Ainda não! Falta muito para atingir os patamares da loucura, mas não se preocupe, vou ajudá-lo a chegar lá!*

Nem mesmo o passar do tempo livra Felipe do angustioso tormento. Os médicos que consulta não conseguem ajudar e a agitada vida entre os aristocratas parece aumentar seu drama. Muitos já o têm como um desequilibrado mental, um alienado que fala sozinho. Constantemente está sentado na poltrona preferida, no grande salão, com o olhar perdido. Terríveis imagens se repetem na mente de Felipe: o frio assassinato de Louis pelas costas, a tristeza de Cécile e sua morte, fato esse inesperado para ele.

"Preciso ocupar-me com algo... Estou, há muito, ausente da administração dos vinhedos na Itália... talvez o trabalho me livre dessa perseguição alucinante..." – pensa, achando ter encontrado uma solução para o mal que o aflige.

Em terras italianas o tormento continua, voraz.

– *Nada adianta, não é mesmo, marquês? Ninguém consegue ajudá-lo a livrar-se de mim... As festas, o vinho, os médicos, o trabalho... tudo em vão. Que longo período de convivência juntos! E parece que vai se alongar ainda mais...*

– Diga o que quer de mim.

– *Ora! Tão inteligente e não percebe?*

– Não agüento mais... estou enlouquecendo...

– *O marido da jovem Cécile também enlouqueceu com suas intrigas, marquês. Foi extremamente difícil para ele viver com a dúvida que você semeou, de maneira vil e covarde. Você fez com que Louis infligisse sofrimento à esposa...*

– Pare com isso, eu imploro!

– *Cécile também implorou para saber o porquê de tanto ódio no coração do esposo. No entanto, teve a dor como resposta!*

– Preciso me livrar... preciso me livrar... chega... afaste-se!

– *Como me apraz ver o temor tomar conta de você! Quer livrar-se de mim? Garanto que, se continuar buscando os recursos errados, jamais o abandonarei. Pense um pouco e encontrará a solução certa. Você sempre usou de esperteza em suas atitudes, sempre calculou seus passos tão bem! Vamos, Felipe, pense!*

Nesse instante, sombrio pensamento invade a mente de Felipe.

– *Muito bem! Começa a encontrar uma saída!* – diz a assustadora voz, demonstrando conhecer o que se passa na cabeça do marquês. – *Agora, monstro, é preciso ter a mesma coragem que demonstrou possuir quando matou Louis!*

– Senhor marquês! – recebe-o, surpreso, Armand. – Aguardávamos o senhor somente na próxima semana! Vou preparar seus aposentos... deve estar cansado da viagem.

– Não é necessário que faça isso agora. Vou para o meu gabinete e não quero ser importunado, está ouvindo?

– Certamente, senhor, não se preocupe. Devo mandar avisar na corte que o marquês já está de volta?

– De forma alguma. Para todos os efeitos, continuo na Itália. Ninguém deve saber de meu retorno, além dos guardas e servos. Fui claro?

– Sim, senhor.

O marquês de Saint-Michel tranca-se em seu gabinete. Ali permanece até altas horas da noite. Sentado junto à escrivaninha, começa a escrever numa folha de papel, segurando a pena com as mãos trêmulas:

"Já não agüento mais o tormento que me invade... A voz não me deixa em paz... Preciso livrar-me dela... Seria a morte

capaz de libertar-me desse inferno? Preciso tentar... Vou me entregar a ti, musa negra! Carregue-me em seus braços esguios. Apague para sempre, da face da Terra, a sombra de Felipe, o desgraçado marquês de Saint-Michel."

Quando termina de escrever, aquece na chama de uma vela uma das extremidades de um bastonete de cera, passando, em seguida, a substância derretida sobre o canto superior esquerdo do papel. Depois pega uma peça de metal, onde está gravado o brasão da família, e pressiona-a sobre a cera, reproduzindo a figura.

– *Bravo, marquês!* – atormenta-o a causa de sua angústia – *Um ato digno de um membro da nobreza! Atestar a própria morte com divagações poéticas! Que final!*

Sem nada dizer, Felipe abre uma das gavetas da escrivaninha e retira de dentro dela uma pistola, a mesma arma que usara para pôr fim à vida de Louis.

– *Que ironia, Felipe! Utilizará a mesma pistola!*

Gargalhadas estridentes ecoam nos ouvidos do nobre.

– Ria o quanto quiser, demônio! Vou me ver livre de você, de uma vez por todas!

Dizendo isso, ruma para seus aposentos. Antes, passa pela galeria e fita os grandes quadros de seu pai e da mãe que não conheceu.

Chegando no quarto, toma o cuidado de trancar a porta. O cômodo está iluminado fracamente pela luz de algumas velas. Por sobre um móvel, deixa a folha de papel que escrevera. Com a mão direita, segura a arma na direção do coração. Parece hipnotizado.

– *Falta pouco, agora. É preciso ter coragem... não me desaponte, Felipe. Vamos! Dispare o gatilho! Acabe com o seu castigo!*

Um estampido faz-se ouvir.

Logo, os servos arrombam a pesada porta e encontram o corpo inerte de Felipe.

O ano é 1785.

O rigoroso inverno de 1788-89 agrava a crise na França. Dá-se a eclosão da grande revolução devido a vários fatores: hedionda miséria, fome, desemprego, carestia, aumento populacional e as más colheitas que elevam o preço dos gêneros de primeira necessidade, e do pão em especial, em julho de 1789. Em Paris há cerca de 600 mil habitantes, dos quais mais de 160 mil são mendigos. O povo se opõe à coroa. Castelos são pilhados, incendiados e seus donos, mortos brutalmente. Na base desse movimento estão algumas das idéias do grande filósofo do Século das Luzes, Jean-Jacques Rousseau, para quem "os frutos são de todos e a terra é de ninguém".

Em 14 de julho de 1789, a população rebelada toma de assalto a fortaleza da Bastilha, símbolo da opressão do regime absolutista. Caem por terra o luxo desenfreado e os abusos do clero e da nobreza. Daí por diante a revolução ascende, a cada dia, culminando com o período do terror. O rei Luís XVI é guilhotinado. Além da sua, muitas outras cabeças rolam na guilhotina, invento de um professor de anatomia da Faculdade de Medicina de Paris, o médico Joseph Ignace Guilhotin, e que se constitui em grande lâmina de decapitar, na base da qual um cesto recolhe, piedosamente, a cabeça em sangue do condenado à morte. Embriagadas pela volúpia das vitórias crescentes, acirra-se no seio das massas o morticínio desenfreado, desencadeando os mais nefastos acontecimentos. Deturpam-se os ideais de Liberdade, Igualdade e Fraternidade.

11

A porta ilusória do suicídio

Dor lancinante martiriza Felipe, domiciliado no Além. A ferida aberta no peito sangra, sem parar. Sente a carne sendo varada pelo projétil e ouve, de maneira constante e repetida, o barulho do tiro. Grita alucinado, pede socorro, mas ninguém, naquele lugar horripilante, se importa com ele. Nenhuma mão lhe é estendida. Sabe, agora, de quem é a voz que o persegue e está tomado pelo temor. Foge, corre como um louco, mas não consegue sair dali, daquele sinistro lugar onde está, o qual tem por conta do próprio inferno.

Rostos medonhos surgem ao seu redor, do nada, e começam a rir de seu desespero. Felipe procura fechar os olhos para afugentar a visão infernal, mas, mesmo assim, continua vendo-os. Aparecem, então, pessoas que não conhece, disformes e feias, empurrando-o e falando impropérios. Assemelham-se a demônios. O marquês grita, desesperado, mas elas, com seus risos de endoidecer, não o deixam, agarrando-o constantemente.

O tormento que Felipe experimenta é insuportável. As

cenas do suicídio se repetem, a todo instante. Lembra-se do momento em que disparou a pistola, o corpo caído no chão, os servos que não o escutam. O peito, aberto em ferida, dói continuamente, e a dor é cruciante. Tapa os ouvidos com as mãos para não ouvir as gargalhadas em derredor, mas é inútil.

Em meio ao angustioso transe, vê, desesperado, seu perseguidor aproximar-se.

– *Suma! Deixe-me em paz!*

– *Jamais se verá livre de mim, Felipe. Eu o conduzi até aqui para atormentá-lo pela eternidade!*

– *Não! Afaste-se!*

– *Pensou que seria fácil escapar? Tolo!*

– *Eu me matei! Isso não pode estar acontecendo... Estou morto!*

– *Para os homens, sim... Canalha, não percebe ainda que a vida não se extingue com a destruição do corpo? Numa coisa os padres sempre tiveram razão: somos eternos! Você nunca acreditou nisso, não é? Veja todos os que estão ao seu redor: cometeram o mesmo engano! A vida continua, Felipe... e para covardes como você, aqui ela é muito pior!*

– *Ouvi seus conselhos, miserável, matei-me por sua sugestão!*

– *Isso é verdade. Eu o queria ao meu lado para fazê-lo sofrer para sempre! Não esqueci o que me causou. Agora busco a revanche total!*

– *Deixe-me! Deixe-me!* – brada loucamente Felipe.

– *Nunca! Jamais vou abandoná-lo. Não terá um minuto de sossego. Sou seu eterno companheiro. Esqueceu-se da nossa velha amizade, das festas na corte, dos jogos de xadrez ou cartas? Devo reavivar sua memória? É necessário que eu recorde uma morte na estrada, a minha agonia e o seu desdém?! Maldito! Miserável!* – e avança sobre Felipe, agarrando-o pelo pescoço e erguendo-o do chão.

– *Pare, Louis! Pare, por favor!*

– *Ah, como é bom dominá-lo, Felipe! Tê-lo em minhas mãos causa-me indescritível prazer. Reservo-lhe penas amargas e você vai experimentá-las todas, uma a uma!* – dizendo isso, atira-o de encontro ao solo lamacento.

– *Nããããooooo!!!*

Felipe sai em disparada para longe de seu algoz. O carrasco contempla a vítima com furor no olhar.

O cheiro ruim do ambiente causa náuseas em Felipe. A lama sob os pés dificulta seu caminhar. Está cansado, sempre sob ameaças e zombarias. Louis não o deixa, assim como outros seres bizarros que povoam a região. O martírio não permite que tenha noção do tempo. Apenas a dor é perceptível.

As criaturas do lugar passam a chamá-lo de "perdido".

– *Você é igual a nós!* – escarnece um dos nefastos habitantes, mais exaltado – *um perdido, porque também se matou com as próprias mãos! Não há salvação para os que aqui se encontram!*

Risos sarcásticos cortam os ares. Felipe apresenta semblante pavoroso. Cabelos desgrenhados, olhos fundos e cheios de medo, a chaga aberta sangra sem parar, curva-se ao andar a fim de que não veja o peito ferido, as mãos apresentam estranhas contrações.

Aqueles a quem julga demônios, vestidos de negro, vez ou outra cercam-no, parecendo formar macabro balé à sua volta, enfurecidos e fazendo caretas. Em outras ocasiões tornam-se doidos, berram sem parar, vitimados também por dores pungentes.

O marquês continua a fugir, mas nada afasta as trevas. Pessoas ladeiam-no, segurando-o, igualmente sofrendo torturas íntimas. Algumas estão esmagadas, outras com a cara inchada, outras ainda com fios de sangue a escorrer pelos ouvidos. Uma mulher, à sua frente, implora ajuda dizendo que o veneno que havia ingerido a corrói por dentro e a queimação é de enlouquecer. Mais à frente, um homem, com a língua saltada para fora, busca o ar desesperadamente. Em seguida, Felipe vê uma jovem com a boca e a cabeça estraçalhadas e ensangüentadas.

Às vezes sente-se arrastado num torvelinho, como que arrebatado por um furacão. Nesse instante, tudo é noite escura, mas através da qual vê seu suicídio repetidamente.

Em meio aos gemidos de Felipe, Louis sempre aparece, atormentando-o ainda mais:

– *Agrada-lhe o inferno, senhor marquês? Aqui não existem as cortesãs, só amargura.*

– *Já não basta? Já não sofri tudo o que queria? Saia de perto de mim...*

– *Nunca será o bastante.*

– *Há quanto tempo estou aqui? Responda-me, por favor...*

– *Talvez meses... ou até mesmo anos! Mas o que vem passando não terá fim, são castigos que durarão para sempre.*

– *O que quer que eu faça?!* – grita. – *Que me ajoelhe a seus pés e lhe peça perdão?! Pois farei isso!*

Transtornado, Felipe aproxima-se de Louis, ajoelha-se e implora:

– *Perdão, Louis! Perdão! Mas livre-me desse tormento, eu lhe suplico!*

– *Muito comovente! Talvez me faça chegar às lágrimas...* – zomba Louis. – *Nada vai adiantar! Quantas vezes precisarei afirmar que serei seu companheiro pela eternidade? Ainda não se convenceu disso?*

Em convulsivo choro e sob as vistas de Louis, Felipe, prostrado pelo peso da dor, deixa-se cair no lamacento chão. Inesperadamente começa a ouvir um apelo que não sabe dizer da onde vem, se de alguma paragem distante ou de seu próprio interior. Alguém parece chamá-lo ao arrependimento sincero, à resignação diante do Senhor da Vida. Por momentos, o marquês sente reconfortante alívio. Mas a sensação dura pouco. Julga-se incapaz de arrepender-se e chamar por Deus. Em toda sua vida jamais aceitou a idéia de submeter-se ao Ser Divino, somente prestando culto à razão. Com esforço, levanta-se e vai para longe de seu perseguidor.

Desvairado, vivendo uma maldição interminável, Felipe, outrora o orgulhoso marquês de Saint-Michel, cambaleante, está fustigado pelos padecimentos. A paisagem ao redor é grotesca, apresentando precipícios e torrentes caudalosas envolvidas em sombras. Tudo é negro e desolador. A intensa dor do ferimento causado pela arma de fogo não se aparta dele. Não consegue descanso, sequer em um minuto de sono. Sente frio, muito frio, fome e sede.

– *Nunca imaginou que a morte lhe reservasse essas surpresas, não é, meu caro, meu bom amigo?! Você é um monstro, Felipe, e as profundezas infernais são as moradas dos monstros. Assassino torpe e vil, desgraçado seja para sempre, até o final dos séculos!*

Extenuado, com a cabeça em confusão, o marquês entrega-se ao seu carrasco, nada lhe respondendo. Está estirado no solo.

– *Separou-me de minha amada Cécile, a qual nunca mais reencontrei! Ah! Que ódio alimenta meu coração quando penso nisso! Minha ira aumenta sobremaneira quando recordo o que me fez, imundo!*

As palavras de Louis fazem Felipe recordar-se do meigo semblante de Cécile, sempre generosa. Ao mesmo tempo, o rosto de seu pai lhe vem à mente e seus olhos tornam-se marejados pelas lágrimas. Por minutos parece que não mais está ali, na presença do vingativo Espírito. Tem a impressão de ter regressado ao passado. Vê-se criança a brincar com Jean. O pai o carrega no colo, demonstrando imenso carinho. Um instante de paz invade-o novamente, como em ocasião anterior. Ao longe, muito ao longe, alguém chama por ele.

Recobrando forças, Felipe rasteja até uma árvore seca e retorcida. Apoiando-se nela, coloca-se de joelhos. Insistente, a idéia de pedir auxílio a Deus ocupa seu cérebro. Talvez Ele seja seu última alternativa. Lembra-se de que Domênico dizia que sendo o Senhor um Pai de Misericórdia e Amor, jamais deixaria de atender seus filhos, especialmente quando d'Ele mais necessitassem. Quem sabe, o velho frade não teria razão? Raciocinando desta maneira, profundo bem-estar o invade. As dores parecem ter desaparecido e o corpo eleva-se. Anima-lhe a esperança de que não estaria perdido para sempre.

Erguendo os braços para o alto, Felipe chora, desesperadamente, clamando aos céus lenitivo para suas chagas profundas, para espanto de Louis que a tudo acompanha.

– *Tende piedade de mim, Senhor meu Deus! Sou um infeliz, um desgraçado que se coloca de joelhos a vossos pés, suplicando uma mísera migalha de vossa compaixão... Acudi-me, meu Deus, eu não resisto mais... Sei que padeço por meus inúmeros crimes, que fui covarde, que prejudiquei e desertei da vida... mas estou amargamente arrependido... Aclarai a visão desse descrente e beneficiai-me com Vosso amor! Ah! Senhor, misericórdia a esse pecador infame...* – nesse instante, comoventes soluços cortam as palavras de Felipe – ... *Hoje sei que minha existência constitui-se em constante ofensa a Vós... em expiação pelos meus graves atos experimento dor descomunal que não se descreve... Venho como um náufrago à procura de socorro para que não me perca no mar das monstruosidades! Retirai-me desse sofrimento, meu Senhor... balsamizai-me as feridas... fazei cessar a agonia do martírio... por piedade...*

Ao final da rogativa, forte jato de luz rompe as trevas daquela região triste, envolvendo o marquês, que não consegue parar de chorar. Não há mais escuridão ao redor, não vê Louis e as horríveis criaturas. Por todos os lados só há luminosidade. Com dificuldade, olha para o alto, na direção do clarão, e a vista enceguece por minutos. Quando seus olhos se acostumam com a luz, observa que um portal fulgurante parece ter-se aberto. Por ele, duas pessoas descem das alturas.

"Será que Deus escutou minha súplica?" – pergunta-se, intimamente – *"De fato, Ele é o Senhor dos destinos humanos e deve ter enviado Seus Mensageiros para me socorrer!"*

Quando as duas entidades se aproximam, Felipe, imediatamente, reconhece uma delas, com a emoção a estrangular-lhe a garganta, num misto de dor e alegria:

– *Pai!!! Meu pai!!!* – grita, em pranto.

– *Meu filho, meu amado Felipe* – fala Jean, ternamente – *Deus permite que seus padecimentos tenham um fim. Há muito aguardamos pela oportunidade de ajudá-lo, mas isso só se tornou possível porque arrependeu-se sinceramente e rogou ajuda ao Supremo Senhor. O orgulho e a vaidade são mazelas que nos separam d'Ele, enquanto que o amor e a humildade são a rota segura que nos conduz à presença do Altíssimo. As duras penas lhe ensinaram isso, meu filho. O suicídio é a maior desgraça que pode suceder ao Espírito, porta ilusória que jamais nos livrará da dor, pelo contrário, aumentará em muito o sofrimento. Porém, o Senhor não nos nega o amparo e, sabiamente, recupera a todos através do próprio erro. No mundo, Felipe, você cedeu à vaidade, buscando o prestígio passageiro. Agora deverá conquistar os valores imortais do Espírito. Seguirá conosco, filho, para um recanto de refazimento, onde se preparará para novas lutas na carne.*

– *Meu pai, não sou digno... matei um homem que agora quer justiça e destruí a vida de Cécile...*

– *Nada disso escapou aos olhos de Deus. Ainda assim,*

Ele permite que nova oportunidade se desenhe em seu horizonte, a fim de que resgate o passado delituoso.

– *Meu Felipe, ouça seu pai. É hora de recomeçar.* – fala a outra entidade, chegando mais perto do marquês, que ainda está de joelhos.

Trata-se de uma jovem mulher, muito bonita. Buscando em seu pensamento onde já a vira antes, Felipe recorda-se de um grande quadro da galeria do castelo de Saint-Michel, onde está retratada aquela mulher.

– *Mãe?!... É a senhora?!* – pergunta, emocionado.

– *Sim, meu filho. Vim com seu pai. Não tive oportunidade de carregá-lo em meus braços na vida física, mas agora quero fazer isso. Jamais deixei de acompanhar seus passos. Eu o vi crescer e, com a permissão de Deus, tentei envolvê-lo com meu amor, mas você distanciou-se, buscando a imperfeição do mundo... Mesmo assim, sempre acalentei a esperança de que tudo mudaria, um dia. Jean e eu tentamos, inúmeras vezes, contagiá-lo através de Domênico, mas seus ouvidos não conseguiram distinguir a nossa voz na do bondoso frei... O que importa é que estamos juntos novamente.*

– *Mamãe, perdoe-me! A vergonha me dilacera!* – exclama Felipe, cobrindo o rosto com as mãos.

– *Eu o entendo, filho, porque o amo.*

– *E Cécile, minha mãe?... Será capaz de me perdoar?*

– *Ela já o fez e será seu anjo bom numa nova vida, quando você voltar à Terra. Agora devemos partir, venha.*

Catherine e Jean ajudam o filho a se levantar e os três seguem para remansoso abrigo em região mais elevada do Mundo dos Espíritos.

Quando a luz se desfaz, Louis nota que Felipe não está mais ali. Enfurecido, amaldiçoa veementemente o ocorrido:

– *Desgraça! Maldição!* – brada, enfurecido. – *Quem quer que o tenha levado, não conseguirá separar-me dele! Vou empenhar-me na busca de Felipe e o encontrarei, nem que para isso precise de séculos! Custe o tempo que custar, ele será meu novamente. Felipe é um fraco, render-se-á aos defeitos que traz em seu maldoso coração e, quando isso ocorrer, porei minhas mãos nele outra vez!*

12

Em nova existência

O progresso ininterrupto através do constante trabalho é o lema da capital paulista. No centro da maior cidade da América Latina, a agitação e o ritmo frenético são encarados com naturalidade pelas pessoas acostumadas com a vida em São Paulo. Também os transtornos são comuns, grandes problemas de uma grande metrópole. Constante é o fluxo de veículos nas avenidas mais importantes, nos grandes centros do comércio e da indústria, na tão conhecida Marginal Tietê. A selva de pedra apresenta tons acinzentados. Antigas construções são demolidas, dando lugar a novos e altos prédios. Não há mais vestígios da antiga vila de São Paulo de Piratininga, fundada com a coragem e a índole missionária dos jesuítas Manoel da Nóbrega e José de Anchieta. Porém, modernidade e crescimento misturam-se com a desigualdade social e a violência cada vez maior. Na periferia, as casas simples ou os barracos inseguros abrigam precariamente famílias inteiras. Há também aqueles que moram debaixo dos viadutos, os que esmolam nos semáforos, os que dormem nos bancos da Praça da Sé e de outras tantas existentes na capital. Marcantes diferenças, a água e o vinho, os problemas da cidade grande...

– E aí, Afonso, conseguiu terminar?

– Sim. Até já entreguei o levantamento para o Dr. Agenor. Hoje ele está impossível! E veja só, com esse trabalho de última hora, o meu serviço está atrasado. Pelo jeito vou ficar nesse escritório até mais tarde.

– Você pode até ficar, em compensação, quando terminar o expediente, eu quero sumir para bem longe. O problema é que os ponteiros do relógio estão caminhando mais devagar que nos outros dias.

– Não, Marcos, você é que está ansioso demais. Pare de se preocupar com as horas e trabalhe um pouco. Aí sim, elas passarão rápido.

– Assim espero. Mal posso aguardar pelo momento de encontrar-me com Júlia.

– Ah!... os apaixonados! – suspira Afonso, em tom de brincadeira. – Sempre com cara de bobos!

– Mas é uma bobeira muito boa, fique sabendo.

– Já comprou o presente de aniversário dela?

– Claro! Um lindo colar, espero que ela goste. Fui a três shoppings! Mas, e você? – pergunta Marcos. – Quando é que vai entregar esse coração a alguém, hein?

– Quando aparecer quem o mereça. Ainda não encontrei minha "princesa".

– Se você esperar muito, ao invés de ficar com a "princesa", vai acabar ficando é com a "bruxa"!

– Engraçado... Muito engraçado...

– Você está ficando velho. Quer terminar solteiro e "babão", pelo visto.

– Já namorei algumas garotas, mas nenhuma me encantou de verdade, entende? Quando a "tampa da minha panela" aparecer, eu saberei... ela vai balançar meu coração.

– Cuidado! O médico disse que você não pode ter fortes emoções. Sua "máquina" é fraca... Se a sua "princesa" for balançar o seu coração, ela corre o risco de ficar viúva antes mesmo de casar!

– Ora, Marcos! Você entendeu o que eu quis dizer.

– Só estou brincando, Afonso. Por falar em médico, você tem feito seus exames regularmente?

– Tenho. Eu sei me cuidar. Falando assim, você faz com que eu me lembre de minha irmã.

– Você sente muita saudade dela, não é mesmo?

– Demais. Lívia era a única companheira que eu tinha. – afirma, com a voz carregada de emoção. – Sempre saíamos juntos, nos divertíamos... Afinal, ela foi o único parente que me sobrou. Papai e mamãe eram filhos únicos, tinham isso em comum. Depois que foram mortos no assalto, só restou minha irmã. Agora, não resta ninguém, sou sozinho no mundo.

– É por isso que já está mais do que na hora de começar a namorar alguém. Você precisa sair mais de casa, com os amigos. Enfurnado em seu apartamento, jamais encontra sua "tampa". Só não o convido para sair hoje porque você sabe, né? Não estou a fim de levar uma "vela" comigo! Mas podemos sair em outras oportunidades, o que me diz?

– Pensarei no assunto. Que tal trabalharmos um pouco?

– Tudo bem, desmancha prazer! Estou indo para a minha mesa.

Afonso é funcionário em um escritório de uma seguradora, localizada no coração de São Paulo, em plena Avenida Paulista. Tem trinta anos, mora em um apartamento num edifício bem afastado do lugar onde trabalha e já está acostumado a pegar o metrô para ir e vir de casa para o escritório. Raramente sai nos finais de semana, preferindo o aconchego do lar, onde procura aproveitar o sábado e o domingo para um verdadeiro descanso, ouvindo música clássica, seu passatempo favorito. É admirador incondicional dos compositores barrocos e as obras para cravo solo ou flauta e cravo são as que mais lhe agradam. Vive sozinho. Seus pais foram assassinados dentro do carro, em um assalto, quando retornavam para casa à noite, após terem ido ao cinema. Lívia, sua única irmã, seis anos mais velha que ele, também morreu quatro anos após os pais, vitimada pela leucemia. Afonso apresenta sério problema de saúde: uma grave lesão cardíaca acompanha-o desde o nascimento, inspirando cuidados constantes e impondo-lhe uma vida regrada.

– Boa noite, seu Antonio – diz Afonso, cumprimentando o porteiro do prédio onde mora.

– Boa noite, Afonso. Chegando mais tarde hoje?

– É, muito trabalho.

– Levante as mãos para o céu e agradeça a Deus por estar empregado. Há muita gente sem trabalho por aí.

– Isso é verdade.

– Qualquer pessoa com quem a gente converse mostra-se desanimada, cansada, só conseguindo ver o lado ruim de tudo! Há muito tempo não encontro alguém que traga uma palavrinha de esperança e bom ânimo. Sabe, Afonso, hoje pensei muito em sua irmã. Ela nunca deixava de me animar ou de alimentar os outros com palavras de coragem.

– É verdade. Lívia era especial.

– Todo dia parava aqui no sagüão para conversar comigo. Atualmente é até difícil as pessoas desejarem bom dia umas às outras! Lívia não, era diferente. Sempre sorrindo, sempre de bem com a vida. Jamais a esquecerei.

– Creia que nem eu, seu Antonio.

– Ainda consigo enxergar vocês dois saindo pelo elevador, nos domingos de manhã, a caminho da missa.

– Ela sempre fez com que eu fosse à missa. Não gostava que eu faltasse, tanto é que nunca deixei de acompanhá-la. Agora é que estou um pouco relapso... ausente da igreja... Também é por causa do cansaço gerado pelo trabalho, seu Antonio. Quando chega o fim de semana, não tenho coragem de sair de casa nem para fazer compras no supermercado. A pressão lá no escritório aumenta a cada dia que passa.

– Eu entendo.

– A Lívia não entendia. Quando alegava cansaço para não acompanhá-la nos domingos de manhã, ela vinha me dizendo: "Afonso, é nossa obrigação nos lembrarmos, pelo menos uma vez na semana, de quem lembra de nós diariamente. Imagine se Deus também resolver dizer que está cansado da humanidade! Estaríamos todos perdidos! Portanto, levante-se!".

– Decidida ela, não?

– Sem dúvida. Bem, o senhor me dê licença, tenho que fazer meu jantar.

– Fique à vontade. Bom jantar.

– Obrigado.

Ao chegar em casa, Afonso toma um banho e vai para a cozinha preparar sua refeição, não sem antes ligar seu aparelho de som e escolher um de seus CD's preferidos. Quando termina de comer, lava a louça e depois estica-se no sofá, relaxando confortavelmente, graças às melodias tranqüilas que ouve. Em determinado momento, passa a reparar num porta-retrato que está sobre a mesa de centro da sala, onde há uma fotografia de Lívia, sorrindo lindamente. É então que a mente de Afonso se povoa de lembranças felizes:

"Ah, maninha! Quantas saudades!... Você faz uma falta enorme, sabia? Esse apartamento está tão chato, é difícil ficar aqui sem ouvir sua voz. Sabe, tenho a impressão de que, a qualquer momento, você vai entrar por aquela porta e perguntar se eu já comi... Engraçado, eu é que sempre fui doente e, no entanto, foi você que partiu primeiro. Não consigo me acostumar com sua ausência Lívia... Um ano, já! Parece que foi ontem... Quero lhe pedir uma coisa: por favor, se realmente existir vida após a morte como falam na igreja, de onde estiver, não se esqueça desse seu irmão aqui, certo?"

Embalado pela música, Afonso acaba dormindo e sonha. Vê-se num salão festivo onde há muitos convidados que se vestem de maneira diferente. De repente, um homem furioso aproxima-se de Afonso para lhe fazer mal. Ele sai correndo e esconde-se num lugar escuro para que não seja encontrado. A todo momento escuta gemidos que lhe causam temor. Quando imagina estar livre de seu perseguidor, inesperadamente, o homem surge atrás dele e o agarra, rindo como um louco. Assustado, Afonso desperta no sofá:

– Deus meu! Que má impressão! – fala para si próprio. – Vou me deitar na cama... já é tarde e amanhã acordo cedo.

– A Júlia gostou do colar? – pergunta Afonso ao amigo Marcos, na manhã seguinte, no escritório.

– E muito. Entreguei o presente durante o jantar. Estava tudo tão bom, pena que precisei voltar cedo do restaurante, porque tinha que trabalhar hoje.

– Já viu o Dr. Agenor esta manhã?

– Não, mas fiquei sabendo que ele vai se reunir com a diretoria logo mais às dez horas. Inclusive o Carlos, chefe do departamento pessoal, vai participar da reunião também.

– Sinto problemas.

– O Dr. Agenor está impaciente desde o início da semana. Coisa boa não vem por aí. É sempre assim: a dor de cabeça surge na sexta-feira! Até parece que é de propósito, só para estragar o fim de semana! Por falar nisso, vai sair com a gente depois do trabalho? O pessoal está combinando de ir até uma lanchonete aqui perto.

– Vou pensar. Depois falo com você.

– Tá certo.

– Quer alguma coisa da rua?

– Por quê? Você vai sair?

– Sim. O Fabrício pediu-me que fosse visitar alguns clientes. Acho que volto só lá pelas duas da tarde.

– Não, não quero nada, obrigado.

– Se alguém telefonar...

– Sim, eu sei, anotar o recado.

– Exatamente.

– Vá tranqüilo.

– Até mais.

– Até.

Às duas e meia da tarde, Afonso chega na seguradora.

– Mas que trânsito infernal! – lastima-se. – É preciso muita paciência, muita calma para não enlouquecer!

– Eu pensei que você iria demorar mais.

– Não, Marcos. Fiz tudo bem rápido. Não gosto de sair do escritório. Vou porque sou obrigado a isso, recebo ordens. Quando estou lá fora, não vejo a hora de retornar. Algum recado pra mim?

– Sim, do Carlos. Ele quer falar com você. Pediu que assim que chegasse fosse até à sala dele.

– Será que tem algo a ver com a reunião da manhã?

– Espero que não.

– Bem, já que não há escapatória, vou falar com Fabrício e depois vou ver o que o Carlos está querendo.

– Boa sorte.

– Com licença, Carlos. Quer falar comigo?

– Sim, Afonso. Entre, por favor, e sente-se.

– Obrigado. Às suas ordens.

– Afonso, tentarei falar sem rodeios. Hoje a diretoria se reuniu e analisou, pormenorizadamente, as finanças da seguradora. Infelizmente estamos numa situação nada satisfatória. Por isso, tomaremos algumas medidas para a reversão desse quadro ruim... precisamos cortar custos. Buscamos todas as alternativas antes dessa decisão, mas teremos que diminuir o número de funcionários. Precisamos de uma redução imediata na folha de pagamento... bem, o que quero dizer é que...

– Pode falar, Carlos, meu coração vai agüentar, não se preocupe. Estou sendo demitido, correto?

– Ouça, Afonso. Tentei de tudo para que você fosse poupado, mas não consegui. O Dr. Agenor vai dispensar todos os mais antigos de casa e você está aqui já há dez anos... Inclusive eu corro esse risco! Vai indo para vinte anos que trabalho na seguradora. Acredite em mim, fiz o que podia para mantê-lo.

– Eu sei. Você recebe ordens, como eu.

– Imagine você que ainda tenho que fazer isso com mais nove pessoas... mas prometo-lhe que, assim que as coisas melhorarem, vou chamá-lo de volta. Você é um bom funcionário. É só ter um pouco de paciência.

– Bom funcionário que está sendo dispensado! – esbraveja. – É a paga pelos meus dez anos de dedicação! Você me pede para que seja paciente, que espere a situação se resolver. E se essa dificuldade se agravar?! Tenho que manter uma casa, tenho que comer, me vestir, pensar em minha saúde... sou sozinho, Carlos.

– Sinto muito, Afonso. Eu já lhe disse, foi uma decisão exclusiva da diretoria. Não pude intervir.

– Eu já enfrentei tanta coisa nessa vida... não vai ser isso que me derrubará...

– Você também está sendo dispensado do cumprimento do aviso prévio. Passe no serviço de pessoal e acerte tudo, por favor.

– Nossa! O Dr. Agenor quer que eu saia daqui bem rapidinho!

– Tenha fé, Afonso. Você logo vai voltar, esteja certo disso. São só... só umas férias!

– Não, Carlos. Isso é bem diferente. Estou, no momento, sem perspectiva de futuro.

– Puxa! Como você demorou! Que cara é essa?

– A cara de um desempregado, Marcos.

– O quê?!

– É isso mesmo. Não sou mais seu colega de trabalho. Acabo de ser demitido.

– Então a coisa está feia?

– Muito. A diretoria decidiu começar pelos mais velhos. Só vim pegar umas coisas e vou embora. Já assinei todos os papéis, não vou precisar nem mesmo trabalhar no período de aviso prévio.

– Com um pouco de sorte você acha outra coisa, até melhor que isso aqui!

– Atualmente, meu amigo, até sorte é difícil de se achar.

A incerteza toma conta de Afonso no caminho de volta para casa. Sua cabeça parece que vai explodir de tanta preocupação. Não esperava que aquilo fosse acontecer. Poderia ser com qualquer outro, nunca com ele. Sempre foi dedicado e esforçado, realizando todas as tarefas com apurado cuidado e responsabilidade.

"O que vou fazer da minha vida agora, meu Deus?" – pergunta-se, num misto de revolta e angústia.

– Afonso?! Chegando mais cedo? – surpreende-se o porteiro do edifício.

– Fui demitido, depois de dez anos.

– Virgem Santíssima!

– É de assustar mesmo, seu Antonio.

– Sei que você não tem cabeça para pensar nisso agora, Afonso, mas graças a Deus você tem onde morar. Já pensou se tivesse que pagar aluguel?

– Meus pais sempre se preocuparam com isso. Diziam que pelo menos um teto dariam a mim e à Lívia. Conseguiram esse apartamento com muito esforço... mas tenho que mantê-lo, preciso de dinheiro para pagar as contas e viver.

– Ah!, o dinheiro! Tudo gira em torno dele. Mas você é inteligente, rapaz, logo vai estar trabalhando outra vez.

– Tomara que o senhor esteja certo.

– E você também vai receber uma boa quantia do lugar onde trabalhava pelo seu tempo de serviço, afinal, são dez anos!

– Não é tanto dinheiro assim. Quando a doença de Lívia foi descoberta, precisei fazer um acordo na seguradora para poder pagar o seu tratamento, que ficou muito caro. Com o que vou receber, conseguirei me manter por alguns meses. As despesas são muitas, o senhor sabe: condomínio, água, luz, alimentação... em tudo isso vai dinheiro. Essa é a razão pela qual estou preocupado. Não posso nem pensar em ficar parado. Acho que vou precisar vender o carro. Está velho, mas devo conseguir alguma coisa por ele.

Abatido, Afonso procura esfriar a cabeça no banho. Depois, não sente fome e vai para o quarto. Os últimos acontecimentos deixam-no confuso. Raciocinando em cima de sua nova situação, tem um acesso de raiva incontrolável e lança contra o espelho um vaso de porcelana que decora o lugar, espatifando os dois.

– Droga! – grita, alucinado. – Por que eu não morri também? Por que só eu tive que ficar aqui nesse mundo para sofrer? Olha só o que me aconteceu, Lívia! Se ao menos você estivesse aqui... Mas não! Você também se foi! Maldita lesão cardíaca, por que não acaba comigo de uma vez?! Por quê?!

A raiva e a forte sensação de incapacidade, jamais sentidos por ele naquela intensidade, o dominam. Tem a impressão de que não será capaz de reverter o problema.

Nesse momento, uma companhia invisível se faz presente no quarto e observa Afonso, com ódio no olhar.

– *Talvez seu coração não queira parar de bater sozinho... Acho que ele precisa de uma ajuda sua. Se é coragem que lhe falta, estou aqui para dá-la a você! Demorou muito, meu amigo, mas estamos novamente juntos. Você acaba de abrir as portas para que eu entre! Não me dará as boas-vindas, Afonso? Ou será melhor chamá-lo Felipe, o execrável marquês de Saint-Michel? Sua irmã se foi, todos os seus se foram... só eu posso ajudá-lo! Ah, calhorda! Sempre tão altivo e orgulhoso, gabando-se de seus nobres privilégios de marquês e, agora, desesperado, incapaz, numa vida comum e medíocre! Eu o conheço muito bem, Felipe, os defeitos que carrega consigo, seus pontos fracos... e é graças a eles que conseguirei realizar o meu intento!*

13

A intervenção dos Espíritos

Sem trabalho, há pouco mais de um ano, Afonso entrega-se totalmente ao desânimo. Tão logo se vê desempregado, inicia sua busca por novo serviço, mas seus esforços são infrutíferos. A resposta, em todas as empresas, é sempre a mesma: um sonoro não. Nem mesmo uma ocupação temporária consegue, o que já o ajudaria um pouco.

Os colegas da seguradora o esquecem. Nem mesmo Marcos o procura. Ninguém parece se interessar pelo seu drama pessoal. Isso tudo faz com que Afonso passe a ver as pessoas como egoístas, interessadas unicamente em seus próprios problemas, sem a mínima possibilidade de estender a mão a quem está em dificuldade.

– Os amigos existem nas horas alegres, quando tudo está bem, seu Antonio. Quando a gente cai dentro de um poço e não consegue sair, ninguém está nem aí – desabafa Afonso, com o porteiro do edifício. – Essa é a humanidade! Imagine o senhor, que desde quando fui demitido, não vejo meus colegas da antiga profissão, que afirmavam estimar-me profundamente! Todos sabem onde moro, meu telefone, mas ninguém tem coragem de me procurar. Acho que eles têm medo de que eu vá lhes pedir alguma coisa, algum favor. E existem, também, os hipócritas: tinha um colega, fervoroso seguidor da religião, que sempre dizia que deveríamos nos amar como irmãos, nos ajudar... onde está ele agora? São falsos, seu Antonio! Falam muito, mas na hora da dificuldade real, são os primeiros a desaparecerem.

– Pare de pensar assim, Afonso. Desse jeito as coisas sempre estarão ruins para você. Todos vivemos situações semelhantes. Nunca ouvi, até hoje, alguém que não tenha reclamado do abandono dos amigos nas horas difíceis, por esse ou aquele motivo. Se você tomar a todos como hipócritas e egoístas, nunca voltará a confiar em ninguém e, queira ou não, nós precisamos das outras pessoas para vivermos nesse mundo. Todos nós somos imperfeitos e não podemos julgar. Você não está tirando conclusões precipitadas? Será que seus antigos colegas não estão, também, passando por problemas? Quem sabe, problema até semelhante ao seu não estejam enfrentando...

– Agora o senhor está parecendo a Lívia... ela sempre pedia para que eu visse o outro lado da moeda.

– Pois então!

– Eu já estou cansado de me colocar no lugar dos outros, seu Antonio – argumenta, pessimista.

– Por que você não começa a ir numa igreja, a freqüentar uma missa como fazia com sua irmã? Rezar ajuda a manter a calma. Se quiser, vou com você.

– Eu não tenho cabeça para rezar. Se eu ouvir um padre falando para termos fé, acho que sou capaz de rir na cara dele. Aliás, os sacerdotes falam de fé, de humildade e, no entanto, vivem bem e suas igrejas não são nada humildes... assim é fácil ter fé!

– Você está sendo rigoroso demais.

– Seu Antonio, não adianta! – responde, grosseiramente. – O senhor tem seu emprego, recebe seu salário e tem família. Eu não tenho nada disso, a não ser despesas e mais despesas, e o dinheiro já está no fim. Com licença.

Sem mais uma palavra, Afonso sobe para seu apartamento.

Semanas depois, Afonso sequer tem forças para cuidar da própria aparência. Desleixado, veste-se mal e não faz a barba. Há ocasiões em que nem mesmo se levanta da cama. Vê-se como um incompetente, um incapaz. A derrota o envolve.

Todos esses pensamentos são sugestionados por Louis, o inimigo desencarnado de Afonso, que o acompanha desde o fatídico dia de sua demissão. O Espírito encontra campo aberto para sua atuação devido ao estado em que a vítima se encontra, moralmente abatida e entregue à desesperação.

– *Meu trabalho está prestes a terminar, marquês* – fala o Espírito, dirigindo-se a Afonso. – *Tive que esperar todo esse tempo, mas em breve receberei minha recompensa. Quero vê-lo cada vez mais impotente diante da dificuldade, acabrunhado, sem coragem para lutar, ferido em seu orgulho próprio que eu sei que possui, por mais se esforce em não demonstrá-lo... Você foi abandonado por todos... só eu não o deixei, em momento algum. O mundo o faz sofrer, meu amigo... é um lugar injusto... sejamos razoáveis: vale a pena continuar sofrendo?*

Em breve, a paciência de Afonso esgota-se. Não consegue mais lidar com a angústia que sente. Decide pôr termo àquela situação insustentável. Anseia pela morte. A idéia de fugir à vida parece-lhe o que de mais lógico pode fazer. Sem trabalho, o dinheiro lhe falta, algumas contas estão por pagar. Não consegue nem mesmo compradores para o apartamento, que já colocou à venda. Presa fácil nas mãos de Louis, a decisão do suicídio está tomada.

Vai até seu quarto e retira uma caixa do alto do guarda-roupa. Dentro dela está um revólver, comprado por ele após o assassinato dos pais, com o intuito de garantir sua segurança pessoal. Só Afonso sabe de sua existência dentro do apartamento. A irmã morreu sem desconfiar que ele havia adquirido uma arma.

"Não posso fazer isso aqui" – pensa. – "Alguém pode ouvir o disparo e tentar me socorrer. Nada deve sair errado."

– *Talvez um local abandonado... um terreno baldio.* – sugere Louis.

"Tenho que ir até um lugar deserto... abandonado" – raciocina, assimilando as sugestões do Espírito credor.

À noite, caminhando pelas ruas do bairro onde mora, levando consigo a arma que será utilizada em seu gesto doentio, Afonso encontra o lugar propício para o seu ato: uma velha fábrica abandonada, não muito distante do prédio onde vive. Por ali não há movimento, é o local ideal.

Louis, ao seu lado, incentiva-o a terminar logo com a vida:

– *Vamos! Você está prestes a se livrar do sofrimento. Entre aí e acabe com tudo, de uma vez por todas.*

Nesse instante, a lembrança de Lívia vem à sua mente, de maneira inesperada. Rememora a ocasião do assassinato dos pais quando a irmã, demonstrando elevada resignação, consolava-o e incitava-o a prosseguir. Revê na tela da memória os dias felizes que passaram juntos, não sem lutas, é claro, mas a presença da irmã os tornava leves e suportáveis. Tem a impressão de que ela está ao seu lado naquela hora decisiva, procurando fazer com que desista de seu gesto desesperado, falando-lhe que é preciso ter fé e confiar no futuro. Recorda-se das últimas palavras de Lívia, no hospital, pouco antes de sua morte, quando pedia para que jamais desistisse, que enfrentasse os desafios com Deus no coração.

"Ah! Lívia... por que é que você tinha que morrer?" – pergunta, intimamente. – "A morte põe fim a tudo... Essa coisa de eternidade é invenção, tudo acaba quando a vida termina".

O Espírito, percebendo que o inimigo titubeia diante da ação, passa a induzi-lo com mais veemência:

– *Vamos! Tenha coragem! Quer continuar padecendo? É preciso pôr fim à vida imediatamente... Mate-se! Mate-se!*

– Quem está aí? – pergunta Afonso, ao despertar das recordações, atraído pela voz de alguém que parece falar com ele. – Quem falou comigo?

"Devo estar ficando louco" – pensa. – "Agora ouço vozes..."

– *E então? Vai desistir?*

– Quem é você e onde está? O que quer de mim?

– *Nada. Apenas me divirto com você. Sofre muito, hein? Deve ser terrível enlouquecer assim.*

– Deixe-me em paz!

– *Só há um jeito de conseguir paz, e você sabe qual. Será que conseguirá suportar a demência além dos muitos problemas que já tem?*

– Não, isso não! Não quero ficar louco... não quero...

– *Então ande logo, atire contra o peito. Ou pretende que seu problema no coração o mate? Talvez isso custe a acontecer e, até lá, estará internado num sanatório, ouvindo vozes estranhas como a minha!*

Afonso examina a arma: só é preciso puxar o gatilho. Assustado por poder ouvir nitidamente as palavras de Louis, acredita que está enlouquecendo.

Quando está prestes a entrar na fábrica abandonada, chuta alguma coisa que está jogada na calçada. Curioso, abaixa-se para ver o que é. Trata-se de um livro, do qual consegue ler o título graças à luz que vem de um poste: *O Evangelho Segundo o Espiritismo*. Afonso, repentinamente, interessa-se por ele e sente incontrolável vontade de folhear algumas páginas. Encostado no poste, abre o volume ao acaso e lê um trecho:

"A calma e a resignação, hauridas na maneira de encarar a vida terrestre, e na fé no futuro, dão ao espírito uma serenidade que é o melhor preservativo contra a loucura e o suicídio. *Com efeito, é certo que a maioria dos casos de loucura são devidos à comoção produzida pelas vicissitudes que o homem não tem força de suportar; se, pois, pela maneira que o Espiritismo lhe faz encarar as coisas deste mundo, ele recebe com indiferença, com alegria mesmo, os reveses e as decepções que o desesperariam em outras circunstâncias, é evidente que essa força, que o coloca acima dos acontecimentos, preserva sua razão dos abalos que, sem ela, o sacudiriam.*

"Ocorre o mesmo com o suicídio; excluídos aqueles que se efetuam no estado de embriaguez e de loucura, e que podemos chamar inconscientes, é certo que, quaisquer que sejam os motivos particulares, têm sempre por causa um descontentamento; ora, aquele que está certo de não ser infeliz senão por um dia, e de serem melhores os dias seguintes, tem facilmente paciência; ele só desespera se não vê termo para seus sofrimentos. Que é, pois, a vida humana em relação à eternidade, senão bem menos que um dia? Mas para aquele que não crê na eternidade, que crê que tudo nele se acaba com a vida, se está oprimido pelo desgosto e pelo infortúnio, não vê seu termo senão na morte; não esperando nada, acha muito natural, muito lógico mesmo, abreviar suas misérias pelo suicídio."

Afonso percebe que aquilo que está lendo responde às suas dúvidas e aflições. Grande bem-estar envolve-o. Ansioso, continua a ler outro trecho do livro, mais adiante:

*"Com o Espiritismo, não sendo mais permitida a dúvida, o aspecto da vida muda; o crente sabe que a vida se prolonga indefinidamente além do túmulo, mas em outras condições; daí a paciência e a resignação que o afastam naturalmente do pensamento do suicídio; daí, numa palavra, a cora*gem moral.

"O Espiritismo tem, ainda, sob esse aspecto, um outro resultado também positivo, e talvez, mais determinante. Ele nos mostra os próprios suicidas vindo revelar sua posição infeliz, e provar que ninguém viola impunemente a lei de Deus que proíbe ao homem abreviar sua vida."

Nesse ponto da leitura, lembra-se de que Lívia sempre lhe falava algo semelhante nesse sentido, dizendo-lhe que o suicídio é grave ato contra Deus. Sem saber explicar como, Afonso tem a impressão de que a irmã está ao seu lado incentivando-o a continuar lendo:

"O espírita tem, pois, para contrabalançar a idéia do suicídio, vários motivos: a certeza de uma vida futura, na qual ele sabe que será tanto mais feliz quanto tenha sido mais infeliz e mais resignado na Terra; a certeza de que abreviando sua vida, alcança um resultado justamente contrário ao que esperava; que se livra de um mal para chegar a um pior, mais longo e terrível; que se engana se crê, em se matando, ir mais depressa para o céu; que o suicídio é um obstáculo para que ele se reúna, no outro mundo, aos objetos das suas afeições que esperava ali reencontrar; de onde a conseqüência de que o suicídio, não lhe dando senão decepções, está contra seus próprios interesses."

Fortemente impressionado com o que acaba de ler, Afonso, com lágrimas nos olhos, tem várias indagações a lhe povoarem o cérebro:

"Talvez a vida continue mesmo após a morte... o que me aguardará tão logo coloque fim à minha própria vida? Por que me recordo, nesse instante decisivo, das palavras de minha irmã? Por que abri o livro justamente na página que diz respeito ao meu drama interior? Não se trata de uma intercessão da própria Lívia, querendo livrar-me do gesto doentio?"

A única certeza que tem é que está se sentindo melhor, mais calmo e nem mesmo ouve aquela estranha voz, talvez fruto da consciência perturbada. Antes que a sensação de alívio desapareça, joga o revólver para longe, dentro da velha fábrica e, levando o livro, volta para casa.

Louis a tudo acompanha, com terrível furor.

– *Aonde pensa que vai, marquês?* – interroga, exaltado. – *Por que desistiu? Quem foi o maldito que atrapalhou os meus planos?!*

Naquela noite, Afonso permanece acordado, entretendo-se com o seu achado. Apenas por ler aquele livro já se sente uma nova pessoa. O desânimo abandona-o por completo, o raciocínio torna-se claro. Quantas coisas descobre a cada nova página. Nunca encontrara tão grande consolo. A confiança em Deus, antes apagada, reacende-se a cada novo capítulo lido. Sempre ouvira falar no Espiritismo, mas nunca demonstrou interesse em conhecê-lo a fundo.

Ao virar uma das páginas do livro, um pequeno pedaço de papel cai de dentro dele. Ao pegá-lo, observa que nele há um endereço. Acredita tratar-se do local onde mora o possível dono daquele volume e pensa em procurá-lo no dia seguinte para devolver-lhe o objeto perdido.

Para surpresa de Afonso, naquele endereço está situada uma instituição espírita, um lugar simples, com uma construção modesta. Muitas pessoas estão ali naquela tarde de sexta, acomodadas num espaçoso salão repleto de cadeiras. Sentindo-se constrangido e com vontade de voltar para casa, Afonso já está se retirando quando uma jovem, a recepcionista do lugar, a ele se dirige:

– Boa tarde, em que posso ajudá-lo? – pergunta, gentilmente.

– Hã... é... boa tarde. Aqui é um...

– Grupo espírita. Meu nome é Helena, seja bem-vindo. Veio para a reunião?

– Reunião? Não. É que eu achei este livro ontem, dentro dele havia um papel com o endereço daqui. Com medo de perder o papel, anotei os dados nessa minha agenda... Achei que alguém o tivesse perdido e vim devolvê-lo. Jamais imaginei que se tratasse de um lugar como esse.

– Posso ver o livro?

– Perfeitamente. Aqui está.

Helena analisa o exemplar que lhe é entregue por Afonso.

– Esse livro não nos pertence. Os que fazem parte de nossa biblioteca têm um carimbo de identificação e nesse não há. Você chegou a lê-lo?

– Sim... E me fez um bem enorme.

– Pois então fique com ele. Com certeza esse livro não chegou às suas mãos por acaso. É, portanto, a primeira vez que vem aqui?

– Sim. Nunca tive contato com espíritas.

– Bem, vou entregar-lhe este folheto. Nele estão descritos todos os trabalhos que a instituição oferece aos freqüentadores, bem como os dias e horários em que são realizados. Aconselho-o a começar assistindo as palestras que aqui são feitas às segundas-feiras. Tenho certeza de que você vai gostar. Toda sexta-feira realizamos um trabalho de preleções e recebimento de mensagens psicografadas. Para que entenda o que quero dizer, essas pessoas que estão aqui buscam consolo para a tristeza causada pela morte de entes queridos. Muitos têm a esperança de receberem mensagens de parentes ou amigos desencarnados, mas isso só ocorre, é claro, com a permissão de Deus. Tudo acontece conforme a programação dos amigos espirituais que organizam essa tarefa no Mundo Maior, e não de acordo com a nossa vontade imperfeita.

– Poderia assistir a esse trabalho?

– Claro. Por favor, venha comigo.

Helena leva o recém-chegado até o salão, indicando-lhe uma das cadeiras.

– Pode sentar-se aqui. Começaremos as atividades daqui a pouco, às dezoito horas.

– Muito obrigado, Helena.

– Conversei com você e nem mesmo perguntei seu nome.

– É Afonso.

– Com licença, então, Afonso. Preciso cuidar da recepção, mais pessoas estão chegando.

– Não se preocupe comigo. Obrigado.

Afonso, desde o momento em que entra no salão, sente-se muito bem. Um respeitoso silêncio se faz, somente sendo possível ouvir suaves músicas através de simples sistema de som ambiente. Tudo o agrada sobremaneira e nota que as demais pessoas que ali estão também buscam alguma ajuda, passando a entender que não é o único a ter problemas no mundo. No dia anterior estava prestes a liquidar com a própria vida e agora está numa casa espírita buscando melhorar essa mesma vida. Ali, em momento algum, deixa de pensar nos pais e, especialmente, na irmã querida.

Às dezoito horas, pontualmente, algumas pessoas sentam-se em torno de grande mesa localizada à frente do salão. Então, respeitoso senhor, de pé, dá as boas-vindas a todos e faz recomendação para que sejam mantidos no recinto o silêncio e a oração. Depois, faz sentida prece, pedido a Jesus e aos bons Espíritos pelo andamento dos trabalhos da noite. Todos os presentes, profundamente concentrados, acompanham a rogativa. Em seguida, abre um livro e lê uma mensagem de esperança, comentando-a após a leitura.

Quando o comentário termina, Afonso observa que um outro senhor levanta-se da mesa e, munido de folhas de papel e vários lápis, entra numa pequena sala, da qual a porta é fechada. No salão, a leitura de mensagens e as preces continuam.

Duas horas depois, o homem sai da saleta e retorna para a mesa, trazendo as folhas. As pessoas, curiosas, olham para ele. Então, dirige-se aos presentes em afáveis palavras:

– Meus irmãos. Que Jesus nos abençoe. Iniciaremos a leitura das mensagens recebidas nesta noite. Elas serão entregues aos familiares ao término do nosso trabalho.

Começa a leitura das mensagens. Muitas pessoas não contêm as lágrimas quando percebem se tratar de comunicações de seus familiares desencarnados. Afonso, fortemente impressionado, mal consegue acreditar que aquilo é possível. A riqueza de detalhes nas comunicações deixa-o boquiaberto, detalhes esses que são confirmados pelas pessoas através da emoção que toma conta delas.

"Isso não pode ser!" – pensa, perplexo.

Então, a leitura de outra mensagem tem início. Ouvindo as palavras iniciais, Afonso estremece:

"Meu querido irmão.

"Que Jesus o abençoe.

"Supliquei permissão para falar-lhe e fui atendida. Indaga se há vida após a morte? Aqui estou para lhe responder a pergunta, trazendo-lhe a certeza definitiva. Tão logo me vi adaptada à vida deste outro lado, roguei aos bondosos amigos espirituais acompanhar-lhe os passos a fim de ajudá-lo na caminhada terrena. Tenha a certeza, Afonso, de que nas horas amargas sempre estive ao seu lado. Mas devo lembrar-lhe que a ajuda maior e verdadeiramente eficiente é aquela que nos vem de Deus.

"Meu irmão, as dificuldades são as pedras com as quais construiremos a escada para a nossa paz imperecível. Por isso, recusá-las é privar-se voluntariamente de um futuro melhor. Em cada sofrimento transposto colheremos as flores do equilíbrio e da melhoria interior. Tudo o que nos chega vem pela vontade de Deus, que sabe perfeitamente qual é a capacidade de nossas forças e que jamais fará cair sobre os nossos ombros um fardo que não possamos carregar. Aceitar a dor com paciência é sinal de sabedoria, é nosso passaporte para uma vida feliz na Espiritualidade.

"Estava ao seu lado no momento crucial, com mais dois amigos ligados ao seu coração desde outros tempos e que também se preocupam com seus passos. Quando a arma tremia em suas mãos, procuramos envolvê-lo em carinhosas vibrações de amor para que o pior não se efetivasse. Fugir às dificuldades, eliminando a bênção da vida, jamais atenuará nosso sofrer, pelo contrário, a morte física provocada pelas próprias mãos torna a dor lancinante. Somente ao Criador é dado o direito de interromper, no momento certo, as nossas provas terrenas. Saiba, igualmente, que o desgosto e a desesperação contagiaram seus dias facilmente por não cultivar o salutar hábito da prece diária, o qual há bastante tempo já esqueceu. O desânimo jamais tomaria conta de você se a oração fosse sincera e constante. Até mesmo nossa ação em frente à velha fábrica, livrando-o de padecimentos maiores, poderia ter sido facilitada com esse recurso.

"Peço-lhe, Afonso, coragem, fé e perseverança. Sustente-se com os recursos da resignação e da prece. Estamos juntos. As batalhas vencidas no presente significam o resgate de nossas dívidas do passado e a garantia de venturoso futuro. Mantenhamo-nos no caminho reto, com Deus no coração.

"Não posso prosseguir escrevendo, porque meu tempo já se esgotou. Aceite meu abraço de carinho e também o beijo

de nossos pais que estão muito bem e o trazem sempre nos corações gentis."

"Lívia"

Afonso não consegue conter as lágrimas após o término da leitura da mensagem de Lívia. Não lhe restam dúvidas: a riqueza de detalhes, a narração exata dos acontecimentos, as recomendações sinceras, tudo isso descarta qualquer hipótese de fraude.

No final da sessão, as psicografias recebidas são entregues por Helena aos destinatários.

– Helena, por favor, como posso falar com esse senhor que escreve as mensagens? – pergunta-lhe Afonso, ao receber seu papel.

– O Fernando?

– Aquele que... é... que escreve.

– Psicografa?

– Isso! Acho que é esse o nome.

– Ele estará aqui amanhã à tarde, por volta das quinze horas.

– Será que posso procurá-lo nesse horário?

– Certamente.

– Então, voltarei amanhã. Preciso muito falar com ele.

– Venha sim. Fiquei muito feliz em ver que você já recebeu uma carta, logo na primeira vez.

– Carta?

– Sim, a mensagem psicografada.

– Ah, claro! Também estou feliz e muito surpreso. Por isso mesmo é que quero conversar com o seu Fernando.

– Vou avisá-lo de que você o procurará.

– Faça isso e, muito obrigado, mais uma vez.

– Não há o que agradecer. Vá com Deus.

No dia seguinte, um ensolarado sábado, Afonso retorna à instituição espírita. É recebido com cordialidade por Fernando, um simpático senhor de quarenta e cinco anos. Reunidos em uma sala, onde numa das paredes há um quadro de Jesus com serena feição e noutra uma estante repleta de livros, iniciam conversação:

– Seu Fernando, ontem vim aqui pela primeira vez. Meu nome é Afonso.

– Muito prazer em conhecê-lo, Afonso. Mas gostaria de pedir-lhe um favor antes de continuarmos. Deixe o "seu" ou o "senhor" de lado.

– Claro! Como o senhor... digo, como você quiser.

– Gostou da sessão?

– Bastante.

– Fico feliz em saber. Existem outros trabalhos aqui, dos quais você pode participar se tiver interesse.

– Helena já me informou sobre isso. Até entregou-me um folheto.

– Ótimo. Mas o que o traz aqui?

– Minha história é longa.

– Estou aqui para ouvi-lo, Afonso.

– Há pouco mais de um ano perdi meu emprego. Trabalhava no escritório de uma seguradora e até hoje não encontrei outra ocupação. Isso causou sério transtorno em minha vida. Transformei-me numa pessoa descrente de tudo e o desânimo tomou conta de mim. Só via os problemas à minha frente. Julgava-me numa situação sem saída. Todos os meus familiares já morreram e nos meus trinta e um anos já enfrentei muita coisa nessa vida. Tive que encarar, junto com uma irmã, a morte trágica de meus pais num assalto. Graças a essa mesma irmã, consegui continuar com a luta diária, mas ela, que era meu esteio, também foi vitimada pela fatalidade e uma séria doença dizimou sua vida, há dois anos. Bem, as decepções foram se acumulando até cair a última gota d'água, que foi a minha demissão inesperada, e então o copo transbordou. Perdi o controle, totalmente. Já estava cansado de sempre ouvir um não nas empresas onde procurava serviço, meu sono à noite era agitado, os recursos para me manter estavam se esgotando... sentia que um precipício se abria debaixo dos meus pés. Nenhum amigo me procurava, não tinha ninguém com quem me abrir e conseguir forças para não esmorecer... não conseguia nem mesmo rezar. Para ser sincero, parecia que alguma coisa me segurava, me impedia de ver uma solução para os meus problemas. Só me fixava na desgraça, no desgosto pela vida e, pouco a pouco, percebi que minha única alternativa era o suicídio. Isso parecia a coisa mais lógica a ser feita. A idéia de acabar com minha vida desgraçada não mais me abandonou desde que a concebi em minha mente. Numa noite, saí pelas ruas com um revólver e procurei um lugar para executar meus propósitos, até que o encontrei: uma fábrica abandonada. Nesse momento, as lembranças de minha irmã surgiram fortes em minha cabeça, mas logo desapareceram, porque comecei a ouvir uma voz exigindo que me matasse logo. Não sei que voz era essa... acho que estava à beira da loucura e ouvia a minha própria consciência perturbada... não sei... Quando ia entrar na construção, chutei alguma coisa na calçada: este livro.

Afonso entrega a Fernando o exemplar de *O Evangelho Segundo o Espiritismo*, que o analisa, com sorriso nos lábios.

– Este *Evangelho* estava jogado sobre a calçada, em frente à fábrica abandonada?

– Sim.

– Quando foi isso?

– Na quinta-feira, à noite.

Fernando sorri mais ainda.

– Foi então – continua Afonso, emocionado – que senti forte vontade de abrir uma página, ao acaso, e o trecho que li falava justamente sobre suicídio. Notei, inclusive, sem saber como explicar, a presença de minha irmã, que me impedia de cometer aquele ato... Meu Deus, nem gosto de lembrar a loucura que ia cometer!... Desisti de me matar, joguei a arma fora e voltei para casa, levando comigo o livro e, graças a ele, vim parar na reunião e recebi uma mensagem de minha irmã, confirmando estar realmente ao meu lado naquela hora nefasta, para interromper meu gesto. Havia um papel com o endereço daqui dentro do livro, só que já não o tenho mais, porque anotei o que estava escrito nele na minha agenda.

– Que bom que os Espíritos puderam intervir a tempo, Afonso. Louvado seja Deus!

– Sabe, Fernando, sempre ouvi muita coisa a respeito do Espiritismo, mas nunca dei importância. Achava que tudo não passava de charlatanismo, de enganação. Mas a mensagem de Lívia mudou radicalmente minha maneira de pensar. Ela veio falando de coisas que só eu conhecia, até do meu estado íntimo. Ninguém aqui sabia das particularidades mencionadas na carta! Até mesmo a letra assemelha-se muito à de minha irmã! Outras religiões falam sobre a imortalidade da alma, mas não trazem a certeza dessa continuidade da vida. Agora já não me restam dúvidas!

– Realmente, as antigas e tradicionais religiões cristãs do mundo ainda não se aventuraram pelo caminho da comunicação com os Espíritos desencarnados. Coube ao Espiritismo a tarefa de trazer a certeza da sobrevivência após a morte, como você mesmo disse. Mas creio que, no futuro, esse tabu será derrubado, inclusive pela própria ciência. A Doutrina Espírita abre para a humanidade uma nova era, a era do Espírito imortal, conduzindo os homens de volta para a simplicidade do Cristianismo nascente, onde a comunicação com entidades espirituais era uma prática comum. Os primeiros cristãos recebiam constantemente a orientação dos Espíritos, que se utilizavam dos oradores para transmitir suas mensagens e até mesmo das mãos dos primeiros missionários, como é o caso do apóstolo Paulo. Os apóstolos e orientadores das primitivas comunidades cristãs eram excelentes médiuns, ou seja, intermediários entre o mundo dos Espíritos e o mundo físico. Os portadores da mediunidade sempre existiram. A Bíblia está repleta de fatos mediúnicos que não podem ser contestados. Os gênios da humanidade foram, antes de tudo, grandes medianeiros. Ser médium não é privilégio dos espíritas. Mas com a chegada do Espiritismo, codificado por Allan Kardec no século dezenove, a mediunidade passou a ser melhor compreendida e estudada.

– Não sabia disso. Pensava que médiuns eram só aqueles que freqüentavam centros como esse, que escreviam mensagens ou viam e conversavam com Espíritos.

– Não, de maneira alguma. A mediunidade não é só aquela que é exercida de maneira mais extensiva pelas pessoas num centro espírita. Todo aquele que sente, num grau qualquer, a influência dos Espíritos, é médium. A faculdade é generalizada. Ela é, na essência, afinidade, sintonia. Os Espíritos estão presentes no nosso dia-a-dia muito mais do que podemos supor, influenciando-nos para o bem ou para o mal. Se estamos envolvidos em bons pensamentos, atraímos sempre a companhia de bons Espíritos. Se, ao contrário, abrigamos na mente idéias infelizes ou de pessimismo, as nossas companhias espirituais não são boas e fazem com que nos sintamos cada vez piores. Todos somos mais ou menos médiuns e, em mediunidade, sintonia é tudo. O médium espírita aprende a sintonizar com os Espíritos esclarecidos e evitar a problemática da obsessão.

– Obsessão em que sentido?

– Quando falo em obsessão, refiro-me à influência perniciosa de Espíritos infelizes que querem nos prejudicar.

– E por que Espíritos infelizes podem querer nos fazer mal?

– Um dos preceitos da Doutrina Espírita é a reencarnação e a admissão de que já vivemos inúmeras vidas no passado. Somos Espíritos encarnados e nos utilizamos de um corpo de carne para nos manifestarmos na vida física. Quando deixamos esse corpo, continuamos vivendo em outro mundo, que chamamos Mundo dos Espíritos. Pois bem, nós já tivemos muitas experiências na Terra, em existências passadas, habitando diferentes corpos. A grosso modo, é como trocar de roupa: o Espírito sempre será o mesmo, apenas com diferente roupagem em cada existência vivida. Essa roupagem é o organismo material. Por exemplo: eu posso ter nascido numa época remota, no século dezenove, por exemplo, com um determinado corpo. Depois morri, meu corpo foi enterrado, meu Espírito foi para esse Mundo dos Espíritos e depois eu renasci como Fernando. O ato de renascer num novo corpo é chamado pelos espíritas de reencarnação e, cada ciclo de vida, do nascimento até a morte, é chamado encarnação. Fomos criados por Deus, simples e ignorantes e, em cada existência na Terra, estamos aprendendo e evoluindo, crescendo interiormente. As encarnações são oportunidades de conquistarmos as virtudes do coração. Mas ocorre, feqüentemente, e devido à nossa imperfeição, que deixamos os defeitos surgirem em nós, tais como o orgulho, a inveja, a ambição ou o ciúme. Uma vez envolvidos por esses defeitos, acabamos cometendo erros, até mesmo prejudicando alguém que possa ter convivido conosco. Suponhamos que esse alguém se torne nosso inimigo: uma vez desencarnado, pode transformar-se em perseguidor, exigindo a reparação do mal que lhe causamos. Por isso, dizemos que existe a influência de Espíritos infelizes em nossas vidas e esses Espíritos tornam-se acessíveis a nós devido aos nossos momentos de desequilíbrio. As provações que nos cercam são, na maioria das vezes, o resgate de nossos erros passados. A vítima de hoje quase sempre foi o algoz de ontem. Em contrapartida, também conquistamos amizades nessas encarnações, criamos afinidade com pessoas que se preocupam conosco e estas, quando livres da matéria, podem vir a ser nossos protetores.

– Essa perseguição tem um fim?

– Certamente. Mas é muito difícil precisarmos quando terminará. Às vezes, as diferenças se resolvem de uma encarnação para a outra. Em alguns casos, levam-se séculos e muitas vidas para a eliminação total do sentimento de vingança que está no coração do obsessor. Mas o obsidiado, aquele que sofre a perseguição, procurando se esforçar no caminho do bem, será sempre amparado pelos Espíritos amigos.

– Seu Fernando, digo, Fernando, quando estava prestes a me suicidar, escutei nitidamente uma voz que me induzia. Há possibilidade, uma vez que todos somos mais ou menos médiuns, que eu tenha ouvido as palavras de um mau Espírito, que poderia estar me prejudicando e com o qual estava sintonizado?

– Afonso, não podemos afirmar isso. Há essa possibilidade de influência espiritual, mas não podemos descartar a probabilidade de que tenha sido uma voz originada em sua própria mente em desespero. Lembre-se de que você estava vivendo um momento de grande perturbação. É preciso muita cautela antes de afirmarmos o que de fato aconteceu. Cada caso é um caso e de forma alguma é lícito optarmos pela primeira alternativa, de imediato. Imagine você: uma dona de casa se queima com uma panela quente que está sobre o fogão. Não podemos dizer que um Espírito inferior tenha provocado isso, certamente houve descuido por parte da mulher. Muitas pessoas têm me procurado, jogando nas costas dos obsessores o problema que lhes acontece quando, na verdade, essas mesmas pessoas é que provocam seus males, vivendo de maneira desregrada. Um homem que fume seis maços de cigarro por dia, não poderá culpar um obsessor por estar sofrendo de um enfisema pulmonar, e assim por diante.

– De fato. É preciso muita cautela mesmo.

– Para você não será importante agora descobrir se está ou não sofrendo influência perniciosa dos Espíritos. Você precisa mudar seu modo de pensar e agir, para que as idéias infelizes do suicídio não voltem a povoar sua mente.

– É verdade. Quero que essa vontade nunca mais apareça. Diga-me uma coisa: que mal o suicídio acarreta para quem dele se utiliza?

– O suicídio é uma grande ilusão, Afonso, é um triste e terrível engano. O suicida imagina que, morto o corpo, cessarão as torturas da enfermidade ou de qualquer outro tipo de sofrimento. Porém, quando desfecha o golpe contra a própria existência, eis que o Espírito, liberto do corpo humano, vê que a vida não é restrita ao organismo físico. O suicídio detém a trajetória do Espírito, fazendo-o parar de maneira violenta o rumo traçado. É como um carro que, com prévio destino, é subitamente precipitado numa ribanceira e cujas rodas se quebram. Até não ser devidamente reparado e reconduzido de volta ao seu caminho, não poderá retomar a viagem e terminar seu trajeto. Há inúmeras comunicações de Espíritos de suicidas na literatura espírita que certificam que o verdadeiro sofrimento começa no momento do suicídio. Todas as narrativas são unânimes nas descrições ligadas ao gênero de morte que foi escolhido: se ingerido veneno corrosivo, o ardor insuportável da queimadura destruindo o esôfago, o estômago, os intestinos; se um projétil de arma de fogo, a dor do ferimento é sentida de maneira permanente; se por asfixia, enforcamento ou afogamento, a total falta de ar, a ânsia desesperada em respirar; se por incêndio das roupas, a inenarrável angústia da destruição das próprias carnes que lhes arranca urros de dor. Os Espíritos dos suicidas afirmam, ainda, que nem mesmo conseguem ter noção do tempo que passa, tempo esse que pode ser muito longo. Um verdadeiro martírio, infelizmente.

– Meu Deus!

– É claro que podem existir atenuantes que diminuam o tempo desse sofrimento. Tudo vai depender da conduta do Espírito quando encarnado e de seu sincero arrependimento. O fator fundamental para que se livrem da provação é o remorso.

– Como é possível que carreguem as dores do tipo de morte escolhida depois que abandonam o corpo?

– Bem, para que entenda isso, você precisa ter uma noção do que é perispírito.

– Perispírito?

– Sim. Imagine que tenhamos aqui três vasos: um de barro cozido, outro de vidro e um outro do mais fino e delicado cristal. Esses três vasos podem ser colocados um dentro do outro. Então, colocamos dentro do vaso de barro o de vidro e, finalmente, dentro do de vidro, o vaso de cristal. O Espírito se une ao corpo através do perispírito, que é um envoltório, mais ou menos sutil, semi-material, que possui os dispositivos apropriados para a ligação do Espírito com o organismo material. Analisando o exemplo dos vasos diríamos que o de barro, grosseiro e imperfeito, representa o corpo; o de vidro é o perispírito, não tão material como o corpo e nem tão sutil como o Espírito; o vaso de cristal só pode representar o Espírito.

– Entendo. É como se entre o corpo e o Espírito estivesse o perispírito.

– Isso mesmo. É o laço que une o Espírito ao corpo e o instrumento do qual se utiliza para manifestar-se em nosso mundo de matéria bruta. Nosso corpo físico também é estruturado a partir do perispírito, à maneira de um molde. A grosso modo, podemos dizer que o perispírito tem os mesmos órgãos e funções do corpo carnal e que no encarnado, esses órgãos se ligam ponto a ponto, ou seja, têm a mesma localização.

– Deixe-me ver se entendi. Por exemplo, o fígado do perispírito está contido no fígado do corpo físico, assim como as demais partes.

– Sim. Os dois órgãos se interpenetram porque não ocupam o mesmo lugar no espaço, já que cada um está numa faixa vibratória diferente.

– Compreendo.

– Quando há a desencarnação, ou seja, quando acontece a morte do corpo físico, o Espírito se desprende da matéria envolvido no perispírito.

– Quer dizer que o perispírito sobrevive à morte do organismo.

– Sim. Agora é importante entender que no perispírito, que é semi-material, também se refletem as conquistas ou as quedas do nosso Espírito. Suponhamos que na vida terrena alguém tenha prejudicado seu pulmão com o vício do fumo, mesmo tendo consciência de tratar-se de um hábito prejudicial, ou então que destruiu o fígado pelo excesso da ingestão de bebida alcoólica. Esses abusos ocasionarão reflexos no perispírito, já que é semi-material, e o acompanharão mesmo depois da desencarnação.

– Acho que estou entendendo onde você quer chegar com essa linha de raciocínio. Da mesma forma ocorre com o suicida: tendo destruído o esôfago, o estômago e os intestinos com a ingestão de veneno, por exemplo, como há ligação dos órgãos materiais com os do perispírito, ocorre o reflexo do corpo prejudicado neste último e é por isso que o Espírito manterá, após a desencarnação, as sensações ocasionadas pelo tipo de morte voluntária.

– Muito bem! Vale a pena dizer, também, que essas lesões dos suicidas são agravadas pela mente atormentada do desertor da vida, que retém as fortes impressões do momento da morte. Há o caso daqueles que deram um tiro na cabeça e que ouvem, a todo momento, o disparo do revólver, vêem o sangue escorrer, e assim por diante.

– Mas e nos casos em que alguém leva um tiro num assalto ou sofre de uma grave enfermidade que prejudica os órgãos do corpo. Há prejuízo para o perispírito?

– Nesses casos não. Se for uma provação necessária que o Espírito deverá passar inevitavelmente, os amigos espirituais providenciam rapidamente a reestruturação do perispírito. As lesões ocorrem quando acontece a morte voluntária ou como nos exemplos do fumante e do alcoólatra que albergam o vício mesmo sabendo-o prejudicial.

– Essas lesões acompanharão o suicida para sempre?

– Não. Todos nós, filhos de Deus que somos, temos a chance de recomeçar quando nos arrependemos sinceramente dos nossos erros, ocasião em que nos é oferecida a oportunidade da reencarnação. Ninguém ficará eternamente nas sombras, pois Deus é um Pai Bondoso, cheio de misericórdia, que não se compraz com o sofrimento de Suas criaturas. Assim também ocorre com o Espírito que se enganou pelos caminhos do suicídio: numa nova vida poderá recomeçar sua caminhada. Ocorre, porém, que algumas lesões causam tão profundas marcas no perispírito que, ao reencarnar, o suicida ainda as traz refletidas no organismo material e só o contato com a vida material será capaz de eliminá-las pouco a pouco.

– Engraçado. Tenho uma lesão cardíaca que me acompanha desde o nascimento e que me pede sérios cuidados...

– Antes que você pergunte, vou logo lhe avisando para que não comece a imaginar que foi um suicida em outra encarnação. Isso não é bom. Lembre-se de que cada caso é um caso. Existem Espíritos que, para resgatarem débitos do passado e evoluírem, escolhem passar por determinados problemas físicos. Então ocorrem as modificações necessárias no perispírito, que é o molde, para que o problema, ferramenta de aprimoramento para o Espírito, reflita-se no organismo material.

– Estou realmente impressionado. Nunca aprendi tanta coisa com lógica!

– E você pode aprender muito mais. Vou aproveitar esse seu entusiasmo e lhe dar dois livros que tenho aqui.

Fernando dirige-se até a estante, de onde retira os livros.

– Tome – diz, entregando os exemplares a Afonso. – Este é o *Livro dos Espíritos* de Allan Kardec, a base da Doutrina Espírita, este outro é o *Memórias de Um Suicida**, ditado pelo Espírito Camilo Castelo Branco à médium Yvonne Pereira.

– Camilo Castelo Branco? O escritor português que se suicidou?

– Ele mesmo. Neste livro ele descreve todas as angústias que viveu depois que se matou e como foi socorrido no Além. Tenho certeza de que esses exemplares vão ajudá-lo bastante. Não deixe de lê-los.

– Começarei hoje mesmo.

– Afonso, gostaria que você voltasse aqui, todas as segundas, às vinte horas, para assistir a uma palestra e tomar passes.

– O que é passe?

– O passe é uma doação de energias transmitida por uma pessoa que, no centro espírita, chamamos "médium passista". Essas energias podem ser do próprio médium ou de um Espírito amigo e elas servem para suprir a carência física ou mental que ocorre justamente pela falta delas. É um "recarregar de baterias".

---

* Livro editado pela Federação Espírita Brasileira, Rio de Janeiro-RJ.

– Virei sim, com certeza.

– Excelente. Lembre-se de que você está começando a se reequilibrar e deve tomar muito cuidado para não voltar às emoções negativas. Use diariàmente o recurso da oração sincera para se manter fortalecido. A oração, feita com humildade, tem uma força extraordinária, atraindo pensamentos positivos e nos sintonizando com os bons Espíritos que querem nos ajudar. Através dela recebemos o que necessitamos para prosseguirmos na luta diária, sem esmorecer. Não é preciso uma infinidade de palavras na oração, o que importa é a sinceridade da prece que é feita. Procure abrir seu coração a Deus, Ele o ajudará.

– Farei isso. Inclusive minha irmã Lívia, na mensagem que recebi ontem, recomenda-me a mesma coisa.

– Veja, então, como esse recurso é importante e se faz necessário.

– Sem dúvida. Quero agradecer-lhe por ter-me ensinado tantas coisas nessa tarde.

– Não há o que agradecer, Afonso. A nossa gratidão deve ser a Deus e a Jesus, sem os quais nada somos. Quanto a ensinar, existe nesta instituição um grupo de pessoas que se reúne às quintas para estudar temas da Doutrina e outros mais analisados à luz do Espiritismo. Se você quiser participar, sinta-se à vontade.

– Quero sim. Este novo aprendizado está me fazendo enorme bem.

– Que bom. Não esqueça de levar o seu *Evangelho* – diz Fernando, entregando-lhe o livro. – Leia-o atentamente. Você encontrou um tesouro na calçada.

– Estou certo disso.

– Leve este cartão também.

– De que se trata? – pergunta, curioso.

– É da firma de um amigo meu. Quando iniciamos esta conversa, disse-me já ter trabalhado em escritório. Procure por Antenor nesse endereço. Talvez ele tenha algum trabalho para você. Fale em meu nome.

– Nossa! Nem sei como agradecer!

– Não é preciso. Erga a cabeça e vá em frente, sem pessimismo. Tenha fé em Deus. O auxílio do Alto está lhe sendo dado. Agora, só depende de você.

Os dois se despedem.

Cheio de novas esperanças, Afonso vai para casa. O antigo marquês de Saint-Michel sente que o Sol volta a brilhar em sua vida, após aflitiva tempestade. Um período de muita paz e crescimento interior inicia-se. Sem suspeitar, através dos esclarecimentos de Fernando, revive naquela tarde a terrível experiência vivida por ele quando fugira da vida, num passado não muito distante. E são justamente os delitos desse passado que está tentando corrigir no presente.

14

Doutrina consoladora

Intensa força para recomeçar a caminhada de todo dia envolve Afonso. Não mais se sente um derrotado. Está, agora, consciente de que, a partir do momento em que der o primeiro passo para buscar sua melhoria, estará sendo auxiliado, ainda mais, pela irmã desencarnada e por Espíritos amigos. E esse primeiro passo já havia sido dado. A leitura dos livros que ganhou de Fernando mostra-lhe coisas novas e lógicas. Esse aprendizado o faz compreender que a felicidade verdadeira só será alcançada a partir do momento em que o ser humano se colocar em contato com Deus e Sua justiça, esforçando-se por transformar-se em homem de bem, fazendo aos outros o que gostaria que os outros lhe fizessem, respeitando, auxiliando, livrando-se das mazelas interiores e buscando sempre o refúgio bendito da oração sincera, verdadeiro escudo de defesa que protege das investidas do desânimo.

Seguindo as orientações de Fernando, Afonso procura a empresa de Antenor e sua longa busca por trabalho termina finalmente, pois é contratado. Com um pouco de paciência, em breve poderá resolver seus problemas financeiros e não precisará mais vender o apartamento.

Afonso passa a assisitir às palestras na instituição espírita. Os temas tratados na oratória estão sempre relacionados aos empecilhos que as pessoas podem encontrar no dia-a-dia, analisados à luz do Espiritismo. São extremamente consoladoras as preleções e quem as ouve sai dali fortalecido na fé. O passe, ministrado após a palestra, também é importante fator para a obtenção do bom ânimo. Começa, igualmente, a participar do grupo de estudos, tornando-se assíduo freqüentador.

Louis, desde o dia do suicídio não consumado, sempre tenta novas investidas contra sua vítima, porém, o novo estado mental de Afonso faz com que o Espírito não consiga ter acesso a ele, como se o obsidiado estivesse dentro de redoma protetora, sustentada pelas preces e pelo esforço na mudança íntima. Sem contar que Lívia, desencarnada, ampara o irmão, amoravelmente.

Numa noite, após o término dos trabalhos de passe, Afonso e Fernando conversam no salão da casa espírita, que já está vazio:

– Helena me disse que você está vindo todas as quintas-feiras, no grupo de estudos. Está gostando?

– Bastante, Fernando. Nesses meses já pude aprender muita coisa. Na semana passada foi a Helena quem coordenou o estudo. Ela falou sobre o compromisso que assumimos com muitos Espíritos antes da reencarnação, com o objetivo de resgatarmos os nossos erros do passado. Achei interessante o fato de que as pessoas que hoje convivem com a gente, que fazem parte de nossa família ou aquelas com as quais temos muita afinidade, podem já ter compartilhado a convivência conosco em vidas passadas.

– Isso acontece com muita freqüência e é natural. Um irmão consangüíneo muito querido pode ser o nosso grande amigo de outra vida, como também o filho problema pode ser o inimigo ferrenho dos pais que retorna e hoje os três estão juntos para transformar ódio em amor, e assim por diante. Muitos Espíritos renascem juntos, num mesmo círculo social, para se rearmonizarem e prosseguirem na marcha da evolução.

– Eu sentia grande afinidade por minha irmã. Talvez já tenhamos nos encontrado por aí!

– É bem provável, mas lembre-se de que não devemos generalizar. Muitas amizades começam a se formar na vida presente. Não podemos dizer que estivemos em vidas passadas com todos aqueles que conhecemos hoje. O mesmo grau evolutivo, as mesmas tendências, podem aproximar os Espíritos encarnados sem a obrigatoriedade de terem-se conhecido em outra existência.

– Helena falou sobre isso também. Mas fiquei pensando: não seria mais fácil se, ao reencarnarmos, trouxéssemos a lembrança total de tudo o que fizemos no pretérito? Isso não faria com que os inimigos, por exemplo, se reconciliassem definitivamente? Sem a lembrança do passado essa reconciliação parece complicada de acontecer com eficácia.

– Seria muito perigoso.

– Por quê?

– Ainda estamos lutando para nos melhorarmos intimamente. Não somos pessoas totalmente equilibradas, porque ainda trazemos muitas imperfeições. Suponhamos que eu e você já tenhamos nos conhecido no passado e que, na ocasião, eu lhe fiz muito mal: coloquei pessoas contra você, por inveja me apossei do que era seu, deixando-o na miséria, até mesmo roubei sua mulher e, no final de tudo isso, coloquei fim à sua vida terrena com um tiro numa emboscada.

– Nossa, que exemplo drástico!

– Sim, concordo, mas é para que você entenda. Pois bem, agora, no presente, estamos novamente juntos e você se lembra de tudo o que lhe fiz, das dores que lhe causei. Analise-se a si mesmo, levando em consideração suas tendências: você teria capacidade de me perdoar ou exigiria vingança?

– Certamente a segunda opção, porque acho bem provável que o ódio tomaria conta de mim.

– Agora imagine-se sabendo que uma filha sua tenha sido aquela mesma linda jovem que você tenha violentado e assassinado. Como você a encararia?

– Não teria coragem nem mesmo de olhar para ela.

– Sem contar que ela, também sendo conhecedora desse passado, poderia cobrá-lo pela falta cometida durante toda a vida.

– Seria terrível!

– Pois é exatamente por isso que nascemos sem o conhecimento das nossas ações passadas. Mas a Providência Divina é sábia e encaminha todos os acontecimentos da vida atual para que estejamos convivendo com quem é preciso, resgatando o mal praticado mesmo sem saber. Pense bem e responda-me: depois do que conversamos, saber o que fomos no passado nos ajuda em alguma coisa no presente?

– Não, pelo contrário, seria ruim sabermos.

Depois de breve pausa, Fernando continua com suas explicações:

– Hoje em dia é muito comum ouvirmos falar em regressão de memória. Parece que o assunto está na moda, dá "*status*", se é que posso me expressar assim. Muita gente, a maioria, diria eu, procura esse recurso simplesmente por curiosidade. Querem saber se eram figuras influentes da época ou se tiveram algum destaque no passado, tudo isso para satisfazer o *ego* e alimentar o orgulho. Elas não têm nenhum contato com a Doutrina Espírita e desconhecem os graves problemas que essas recordações causam. Muitas das lembranças que essas pessoas afirmam ter durante a regressão, nada mais são que criações da própria mente superexcitada e refletem muito mais do desequilíbrio do que da realidade. Inclusive Espíritos obsessores dessas pessoas chegam a aproveitar o momento da regressão para incutir-lhes na memória fatos que jamais aconteceram e que, no entanto, são tomados como verdades e atrapalham, terrivelmente, a atual existência, gerando-lhes séria perturbação. Tudo isso acontece porque tola curiosidade move a maioria dos que procuram a regressão de memória.

– Isso é algo perigoso mesmo...

– Muito perigoso! Pode pôr em risco toda uma existência! Vou lhe mostrar como a Espiritualidade Maior se preocupa com esse assunto. Vamos até à estante de livros.

Os dois dirigem-se para o fundo do salão onde há grande estante com diversos volumes. Fernando, após rápida procura, pega um deles.

– Este livro, *Esperança e Luz**, traz uma importante mensagem recebida por Chico Xavier, da autoria de Emmanuel, Espírito elevado que coordena os trabalhos do médium mineiro. O título da mensagem é *Regressão da Memória*. Vou ler para você:

"Se fomos trazidos à Terra para esquecer o nosso passado, valorizar o presente e preparar em nosso benefício o futu-

---

* Livro psicografado por Francisco Cândido Xavier/Autores Diversos, Edição CEU.

ro melhor, por que provocar a regressão da memória do que fomos ou fizemos, simplesmente por questões de curiosidade vazia, ou buscar aqueles que foram nossos companheiros, a fim de regressar aos desequilíbrios que hoje resgatamos?

"A nossa própria existência atual nos apresentará as tarefas e provas que, em si, são recapitulação de nosso passado em nossas diversas vidas, ou mesmo, somente de nossa passagem última na Terra fixada no mundo físico, curso de regeneração em que estamos integrados nas chamadas provações de cada dia.

"Por que efetuar a regressão da memória, unicamente para chorar a lembrança dos pretéritos episódios infelizes, ou exibirmos grandeza ilusória em situações que, por simples desejo de leviana retomada de acontecimentos, fomos protagonistas, se já sabemos, especialmente com Allan Kardec, que estamos eliminando gradativamente as nossas imperfeições naturais ou apagando o brilho falso de tantos descaminhos que apenas nos induzirão a erros que não mais desejamos repetir?

"Sejamos sinceros e lancemos um olhar para nossas tendências."

– Emmanuel é taxativo – conclui Fernando. – Pede para que olhemos as nossas tendências, pois através delas poderemos ter uma idéia do tipo de pessoa que fomos. Entenda bem, Afonso: quero deixar claro que não devemos, de forma alguma, buscar descobrir o que tenhamos sido ou feito no passado por causa da curiosidade vazia. O que é bem diferente de quando os Espíritos revelam fatos do pretérito para alguns, com uma finalidade específica.

– Isso pode ocorrer?

– Desde que seja para auxiliar, sim. Isso é feito por

bons Espíritos e vai depender muito do merecimento do encarnado. Às vezes, alguém pode estar passando por um momento de grande dificuldade, uma doença atroz ou outro tipo de problema, não encontrando consolação que o faça encarar o momento com mais paciência e aceitação. Então, para que a pessoa entenda o porquê do sofrimento do qual é protagonista, os Espíritos lhe mostram, através de mensagens, a causa da dor atual, originada por ações infelizes cometidas em vida passada. Mas essa revelação só ocorre quando há extrema necessidade. Antes disso, os amigos espirituais tentarão ajudar de outras maneiras: leituras edificantes, intuições ou inspirando outro encarnado para que leve até o necessitado a boa palavra.

– Compreendo.

– Existe, também, uma espécie de recordação espontânea do passado, que acontece com algumas pessoas, às vezes. Episódios traumáticos para o Espírito ou acontecimentos marcantes, ficam fortemente gravados em seu subconsciente. Essas lembranças podem aflorar, vir à tona, em determinado momento de uma outra existência. Através do Espiritismo, aqueles que venham a ter essa recordação poderão encontrar esclarecimento. Compreendendo a reencarnação, estando ciente de que o Espírito traz, arquivadas no subconsciente, as experiências vividas e que devemos nos ater ao presente esquecendo o que ficou para trás, a pessoa saberá conviver com a lembrança. As dificuldades diárias serão encaradas como necessárias para o crescimento interior e haverá a superação do trauma. O próprio fato acaba transformando-se em meio de auxílio para uma vida melhor.

– Como me impressiona a lógica dessa Doutrina!

– O Espiritismo não foi elaborado por mãos humanas. Ele foi trazido pelos Espíritos e Allan Kardec, seu codificador, foi quem o organizou, reunindo seus conhecimentos, sempre analisando-os à luz da razão. Por isso, afirmamos que a Doutrina Espírita promove a fé raciocinada. Existe, também, o que chamamos "tríplice aspecto": ela é ciência, filosofia e religião. Ciência, porque estuda, dentro de critérios científicos, os fenômenos provocados pelos Espíritos; filosofia, porque é capaz de dar uma interpretação da vida e responde a questões como: *"quem sou eu?"*, *"de onde vim?"*, *"o que faço aqui?"*, *"depois da morte, para onde irei?"*; religião, porque tem como finalidade a transformação moral dos indivíduos, pautada no Evangelho de Nosso Senhor e Mestre Jesus Cristo. Observe, porém, que não é uma religião organizada dentro da estruturação que conhecemos. Nele não existem os chefes religiosos ou sacerdotes, não existem templos suntuosos, não há rituais, cerimônias ou o uso de amuletos, incensos, velas ou imagens. O Espiritismo deve ser vivenciado no coração, é a prática pura do amor ao semelhante, do trabalho ininterrupto em favor do próximo. Só o pensamento no bem e as boas ações é que nos ligarão a Deus.

– As outras religiões parecem tão enredadas no orgulho, valorizando muito mais a prática externa do que a interior. Chegam a ser contraditórias muitas vezes...

– Cuidado com sua colocação, Afonso. Toda religião deve ser compreendida como sentimento divino que clarifica o caminho das almas. Nós, seres humanos imperfeitos, é que maculamos com as nossas atitudes a essência das religiões e as deturpamos. É preciso saber separar as coisas. Devemos o máximo de respeito a todas as famílias religiosas existentes no mundo porque, apesar dos erros de interpretação cometidos pelos homens, elas vêm desempenhando seu papel na face da Terra como sinalizadoras do Senhor. Devido aos diferentes níveis evolutivos dos Espíritos encarnados no planeta, as diversas religiões ainda se fazem necessárias. Analise bem e poderá perceber que, no decorrer da história, todas foram merecedoras da assistência amorável de Jesus, assistência que até hoje se faz presente. Espíritos elevados sempre reencarnaram com tarefas a desempenhar, seja no Catolicismo ou no Protestantismo. Dentro da Igreja Católica, Francisco de Assis, Antônio de Pádua, Teresa d'Ávila, Vicente de Paulo, Santo Agostinho e Madre Teresa de Calcutá são alguns desses exemplos a serem seguidos por todos, pois o santo nada mais é do que o ser humano que não esteve isento de lutas, mas que soube confiar e ser fiel a Deus. Graças à Reforma Protestante e a Martinho Lutero os povos puderam ter acesso à Bíblia, que começou a ser traduzida do latim para outras línguas; antes ela só era conhecida pelos clérigos. Igualmente, religiões não cristãs recebem o amparo do Mestre: temos no budismo os ensinos de Siddhartha Gautama, o Buda, que recomenda a prática do bem; Mahatma Gandhi, que foi líder político e espiritual da Índia, primava pelo respeito e pela fraternidade entre todos. Cada qual se filia à religião que melhor atinge a sua compreensão. Um dia, quando a humanidade entender o seu verdadeiro significado, os rótulos religiosos serão substituídos pela Lei de Amor. Até lá precisamos começar a enxergar os benefícios que elas promovem e não mais nos atermos às falhas existentes. Até mesmo a Doutrina Espírita, mal estudada e compreendida, é vítima da desinformação de muitos adeptos, que contrariam a Codificação Kardequiana.

– Também no Espiritismo?

– Infelizmente sim. Uma mensagem de André Luiz intitulada *Louvor a Kardec**, alerta os espíritas sobre isso.

---

* Página psicografada pelo médium Antônio Baduy Filho, no Culto do Evangelho do Sanatório Espírita José Dias Machado, em 18/04/1999, em Ituiutaba/MG.

– André Luiz, o benfeitor espiritual de quem tanto ouvi falar nos estudos, que já escreveu diversos livros através da mediunidade de Chico Xavier?

– Sim, esse mesmo. Na mensagem, ele afirma que alguns adeptos dão mais importância ao fenômeno mediúnico do que à transformação moral; outros, aceitam revelações espirituais sem o exame do bom senso, esquecendo-se de condicionar a fé ao crivo da razão; divulgam textos sem o cuidado da prudência, deixando de lado os critérios da análise mediúnica; sucumbem à curiosidade pelas vidas anteriores, sendo que Kardec salienta o esquecimento do passado; cultivam hábitos arraigados no formalismo religioso, quando o Codificador alude à adoração em espírito e verdade; transformam o passe em gesticulação complexa, enquanto deveria haver naturalidade na ajuda espiritual; perturbam as instituições com atitudes egoístas, deixando de lado a caridade que deve ser eleita como roteiro de paz; submetem o socorro do Alto a certo preço, quando o exercício da mediunidade deve ser sempre gratuito; renegam o discurso religioso pelo intelectual, mesmo quando Kardec reafirma as lições do Evangelho; conduzem com formalismo os atos religiosos, quando o culto deve ser simples e sincero.

– Agora entendo, Fernando, por que você sempre recomenda o estudo sério das obras de Kardec.

– Isso deve ser uma constante na vida do espírita. Jamais ele poderá se desvincular dos livros do Codificador, os quais chamamos obras básicas* da doutrina. Toda a essência do Espiritismo está contida nelas. Deve haver sempre lealdade a Kardec e, como ele, devemos submeter tudo à fé

* Conjunto de cinco livros organizados por Allan Kardec que contêm ensinamentos trazidos pelos Espíritos e que compõem o alicerce da Doutrina Espírita. São eles: *O Livro dos Espíritos*, *O Livro dos Médiuns*, *O Evangelho Segundo o Espiritismo*, *O Céu e o Inferno* e *A Gênese*.

raciocinada, com muito cuidado e bom senso. Aliás, deve haver aqui um livro que traz uma outra mensagem de André Luiz, que versa sobre o mesmo assunto. Deixe-me procurá-lo.

Fernando procura na estante outro livro. Após rápida busca, encontra uma obra intitulada *Anuário Espírita 1999.*

– Aqui! – diz, ao encontrar a página onde está contida a mensagem. – Chama-se *Respeito a Kardec**. Escute com atenção:

"A Doutrina Espírita sofre agressões a seus princípios, em virtude da ação insensata de seguidores incautos.

"Dirigentes rendem-se ao culto da personalidade e fogem ao bom senso, semeando aflição e insegurança no meio doutrinário.

"Intelectuais cultivam superioridade arrogante, constrangendo companheiros e embaraçando instituições.

"Voluntários nas atividades assistenciais trocam a humildade de servir com dedicação pelo orgulho de servidores exigentes, perturbando o trabalho solidário em favor dos necessitados.

"Escritores e psicógrafos permutam a prudência do aprendizado seguro e paciente pela vaidade apressada, publicando páginas de conteúdo infiel à Codificação Espírita.

"Médiuns curadores barganham a prece simples com recursos fluídicos pelo exibicionismo onipotente, prometendo curas impossíveis e desviando enfermos de tratamento correto.

"Irmãos, situados nas áreas de pesquisa, menosprezam

---

* Página psicografada por Antônio Baduy Filho, em Ituiutaba, Minas, e publicada no *Anuário Espírita 1999*, Edição IDE, Araras-SP.

as lições do Evangelho e deixam-se envolver pelas teorias científicas da época, úteis e preciosas, mas por natureza renováveis na marcha da evolução.

"Doutrinadores esquecem a palavra fraterna e consoladora, assumindo a posição de censores e dificultando a paz daqueles que lhes buscam a orientação e o socorro.

"Jovens interpretam a seu modo a transformação moral, seguindo condutas em desacordo com a realidade do Espírito.

"Essas distorções nascem, muitas vezes, em centros de estudos respeitáveis, onde os adeptos fazem a leitura da Codificação Kardequiana, moldando-a às próprias idéias e apregoando conclusões incompatíveis com os princípios doutrinários.

"O espírita tem a liberdade de pensar o Espiritismo e oferecer a colaboração de suas reflexões, mas convém que não esqueça o respeito a Kardec."

– Além de alertar para os problemas, – observa Afonso – André Luiz diz que muitas distorções nascem, por incrível que pareça, em grupos de estudos respeitáveis, mostrando que é preciso, além do estudo, a interpretação fiel, sem adequarmos o conteúdo aos nossos caprichos e leviandades.

– Exatamente. E olhe só! – exclama Fernando, chamando a atenção de Afonso para um importante achado no livro. – Há outra mensagem, também de André Luiz, que fala sobre a regressão de memória, o assunto que discutíamos inicialmente. Há um pequeno trecho que fecha com chave de ouro as nossas conclusões. Ouça:

"Diante, pois, das provações que te afligem, não imagines que o alívio da tua dor esteja no conhecimento do pretérito.

*"Ao contrário, a solução que Deus te propõe não é conduzires a memória em direção ao passado, debaixo do sono hipnótico, mas avançares o coração rumo ao futuro, sob a inspiração do Evangelho de Jesus, amando, servindo e trabalhando pelo auto-aprimoramento, na certeza de que a felicidade autêntica é operosa conquista e não, simples oferta."**

– Não há mais nada o que dizer depois disso. Obrigado, Fernando, pelas elucidações. Hoje consegui uma aula extra!

– Ficamos conversando e não vimos a hora passar. Já se faz tarde.

– Nossa! Nem me dei conta. Amanhã preciso acordar cedo, o trabalho me espera.

– A propósito, como vai o novo emprego?

– Graças a Deus, tudo está bem.

– Fico muito feliz com isso. Vamos indo? Quer uma carona? Posso deixá-lo em casa.

– Eu aceito, Fernando.

Diante da inestimável gama de conhecimentos que vem recebendo da Doutrina Espírita, Afonso entende que a fé em Deus é luz que alivia e fortalece, capaz de diminuir as trevas do desespero, reequilibrando a vida. A cada novo amanhecer vai sepultando a índole perversa do marquês de Saint-Michel, esforçando-se constantemente para se tornar um homem de bem.

---

* Trecho final da mensagem *Transgressão e Regressão*, psicografada por Antônio Baduy Filho e publicada no *Anuário Espírita 1999*.

15

Venturoso porvir

Numa quinta-feira, após os estudos no centro espírita, quando os demais participantes do grupo se retiram, Afonso procura Helena para uma conversa. Grande amizade já existe entre os dois.

– O que está acontecendo com você, Afonso? Faltou ao estudo na semana passada! Pensei até em lhe telefonar.

– É o trabalho, Helena, muito serviço, muita preocupação. Estou precisando ficar até mais tarde no escritório. Quando saio já não dá mais tempo de vir até aqui. Há duas segundas não tenho tomado passes... só hoje pude aparecer.

– O Fernando também está preocupado... Tem certeza de que é só isso mesmo que está acontecendo? Você parecia ansioso durante o estudo.

– Quero lhe contar uma coisa que tem acontecido comigo, há uns cinco dias. Talvez possa me ajudar.

– Diga o que é.

– Tudo começou de repente. Estava revisando alguns papéis no escritório e vi algo que me deixou apavorado.

– O quê?

– Num dos cantos da sala enxerguei um vulto escuro que tinha forma humana e apontava para mim. Não foi de relance que o vi. Fiquei encarando aquilo por algum tempo, até que desapareceu. Mas depois, quando voltava para casa, vi o vulto mais uma vez, dentro do metrô... ele me acompanhava! Como se isso não bastasse, passei a vê-lo dentro do apartamento também! Não consigo dormir à noite, tenho pesadelos.

– Que pesadelos?

– Um homem, de expressão medonha, aparece na minha frente, trajando roupas antigas, à maneira dos cavalheiros da nobreza do século XVIII, mostra-me uma arma e diz que devo me matar porque, se eu continuar vivo, ele me fará enlouquecer. Sua voz é semelhante àquela que ouvi quando estava prestes a cometer o suicídio. Confesso que estou com medo, Helena... não quero voltar ao estado em que me encontrava antes de vir ao centro espírita...

– Afonso, acalme-se. Por não ter tomado os passes, que são muito importantes para você, pois ainda está em fase de reequilíbrio, as preocupações do trabalho tornaram-no vulnerável às vibrações negativas. Elas foram o canal aberto para que um assédio espiritual se instalasse. Pelo que você me conta, acredito que algum Espírito infeliz está tentando prejudicá-lo, a fim de vê-lo transtornado de novo.

– Foi uma luta para mim, vir aqui hoje, quase desisti na metade do caminho. Parece que uma força maior não queria que eu chegasse até o centro... não tenho conseguido nem orar direito...

– Mas graças a Deus, você demonstrou ser muito maior que essa força, ou melhor dizendo, que esse nosso irmão que não quer sua melhoria. Preste atenção: aconteça o que acontecer, não deixe de tomar passes e freqüentar os estudos. São fatores importantes na fase em que se encontra. Procure organizar-se no trabalho para que tenha condições de vir até o centro nas segundas e quintas, certo?

– Certo.

– Muito menos se afaste da prece. Sem ela você vai "baixar a guarda" em definitivo e estará à mercê das sugestões destrutivas que esse Espírito está tentando colocar em sua mente. Entregue-se com confiança nas mãos de Deus.

– Oração sempre.

– Exato. O próximo passo será colocar seu nome numa reunião mediúnica que funciona como uma espécie de pronto-socorro e onde são esclarecidas entidades presas a hábitos infelizes. Os amigos espirituais encaminham esses Espíritos que se comunicam através de médiuns devidamente preparados, a fim de que recebam a orientação necessária do dirigente da reunião. Se Deus permitir, esse irmão que o persegue poderá ser ajudado. Fernando é quem dirige esse trabalho e amanhã falarei com ele sobre seu caso.

– Helena, por que essas entidades precisam ser esclarecidas com o auxílio dos encarnados? Os próprios benfeitores espirituais não poderiam orientá-las diretamente?

– Grande número de desencarnados guarda consigo as ilusões do mundo físico ou carrega em seus corações as más paixões, cristalizando-se nesses tristes sentimentos, conservando-se incapazes de sentir as vibrações do plano espiritual superior. Por isso, os benfeitores do Mundo Maior precisam da cooperação dos encarnados: como esses Espíritos infelizes são ainda ligados à matéria, os mentores do plano invisível necessitam conduzi-los às reuniões onde, aproveitando as vibrações mais densas dos participantes, conseguem atuar sobre essas entidades.

– Precisam, portanto, descer ao nível das entidades para poder ajudá-las, e só conseguem isso com a cooperação dos encarnados, que fornecem essas vibrações mais grosseiras.

– Isso mesmo.

– Não seria bom que eu participasse da reunião mediúnica? Talvez minha mediunidade esteja se tornando mais ostensiva.

– Não, Afonso, ainda não é o momento. Você continuará buscando o equilíbrio através do passe, dos estudos, da oração sincera e do esforço constante para a melhoria íntima. O que está acontecendo com você pode não ser o aflorar de sua mediunidade, mas sim um momento de percepção psíquica para que a entidade possa ser auxiliada e para que você também se beneficie, livrando-se das influências dela. Já vi pessoas com uma situação semelhante à sua que, depois de terem os seus nomes colocados na reunião e os Espíritos inferiores sendo ajudados, desapareceu o que julgavam ser mediunidade. Muitas vezes, os mentores do plano invisível provocam essas percepções com o objetivo de despertar o encarnado para a necessidade da reforma interior. Alguns dos trabalhadores desta instituição chegaram aqui com os sintomas da mediunidade aflorada, mas quando tiveram contato aprofundado com a Doutrina, sem participar de reuniões mediúnicas, os sintomas sumiram e hoje são valorosos colaboradores. O que foi isso, senão um despertar?

– Entendi.

– Veja bem: são necessários anos do estudo da medicina para que o futuro médico conheça-a perfeitamente. Se ele sair por aí medicando sem conhecimento, isso lhe trará sérias complicações. Assim também com o médium, que precisa conhecer a fundo a mediunidade, seus mecanismos e sua prática. Essa faculdade requer cuidados. Infelizmente existem muitas casas espíritas que não têm esse cuidado e que classificam distúrbios passageiros como mediunidade à flor da pele, recomendando, de imediato, a prática mediúnica. Esse procedimento acaba gerando médiuns desequilibrados, visados pelas entidades inferiores. A primeira necessidade do médium é evangelizar-se antes de se entregar ao mediunato, pois de outro modo, poderá sempre se deixar levar pelo personalismo que atrapalhará sua tarefa.

Afonso ouve as explicações de Helena com muito interesse, percebendo a seriedade do assunto.

– De acordo com o que me descreveu, – continua Helena – é nítida a atuação espiritual na qual você está envolvido, bem diferente das ocasiões em que as pessoas chegam ao centro queixando-se de perseguições do Invisível, simplesmente porque nada dá certo em suas vidas, porque estão cansadas, desanimadas ou porque se indispõem facilmente em casa, com os amigos ou no ambiente de trabalho, atribuindo tudo isso à maldosa influência de Espíritos. Essas pessoas, antes de formularem qualquer queixa, deveriam consultar o próprio coração, pois talvez o "Espírito perturbador" esteja nelas mesmas. Existem obsessores terríveis do homem chamados "orgulho", "preguiça", "avareza", "vaidade", "má-vontade" "egoísmo" ou "ignorância" e é preciso verificar se não são vítimas dessas mazelas que enceguecem a visão para as claridades divinas. Contra esses "obsessores", o meio capaz de afastá-los é o trabalho, a fé, o esforço e a boa-vontade. Por isso mesmo, Afonso, é que precisamos, antes de afirmarmos uma obsessão espiritual ou uma faculdade mediúnica, fazer uma análise criteriosa do caso em questão.

– Só pelo fato de conversar com você estou me sentindo bem.

– Você foi capaz de desligar-se da preocupação e também o ambiente da casa espírita, sob a assistência amorável dos benfeitores do Além, ajudaram-no a mudar seu quadro mental. Vamos fazer o seguinte: para que você sinta-se ainda melhor, façamos uma prece?

– Sim.

Ali mesmo, na sala que é usada para os estudos doutrinários, Helena profere uma prece pedindo por Afonso e por seu bem-estar. Suaves vibrações envolvem os dois e Lívia aproxima-se do irmão, estendendo as mãos sobre sua cabeça, à maneira dos que transmitem passes, trazendo-lhe energias novas e salutares. Afonso, no íntimo, sente a presença da irmã e torna-se mais confiante na esperança de que tudo se resolverá com a proteção de Deus.

No dia seguinte, após os trabalhos de recebimento das mensagens dos desencarnados, Helena fala com Fernando sobre o ocorrido com Afonso, colocando-o a par de tudo.

– O que acaba de me contar, Helena, vem comprovar minha suspeita. Desde que Afonso chegou ao centro, forte intuição já me alertava de que essa situação toda que vem vivendo é provocada por um obsessor que exige vingança, reparação de sério delito cometido por ele no passado. É claro que nada falei ao rapaz sobre isso, porque não o ajudaria em nada, pelo contrário, só o preocuparia ainda mais.

– Certamente, Fernando. É preciso muita prudência, porque ele ainda está buscando a rearmonização.

– Mas nós vamos colocar o nome dele nos trabalhos e, se houver permissão dos mentores espirituais, verdadeiros dirigentes da reunião, o perseguidor será auxiliado.

– Helena, mas que surpresa! Você, no meu apartamento, em pleno domingo à tarde!

– Já lhe devo essa visita há bastante tempo, Afonso. Trouxe até um bolo de laranja, minha especialidade, para que experimente.

– Entre, por favor. Estou mesmo com fome.

– Como você está?

– Graças a Deus, bem. Depois que conversei com você, parece que tudo se aclarou e estou melhor. Não tenho tido mais as visões e já consigo buscar refúgio na oração.

– Isso é muito bom. Eu também já falei com Fernando, que aliás, mandou-lhe um forte abraço. Nesta quarta-feira faremos uma vibração especial por você.

– Muito obrigado, Helena.

– Não me agradeça. Ah! Antes que me esqueça, Fernando pediu para que, no dia da reunião, você se mantenha em oração, a partir das vinte horas, quando o trabalho se inicia, pois será um recurso valioso para a efetivação do auxílio.

– Certamente farei isso.

– Não vai experimentar o bolo?

– Claro! Ele parece saboroso.

Afonso conduz Helena até a cozinha, onde arruma a mesa com uma toalha, os talheres e os pratos.

– Deixe-me servir você. De que tamanho quer o seu pedaço? – pergunta Afonso.

– Não muito grande, por favor.

– Assim está bom?

– Sim, obrigada.

– Gosta de música clássica? – pergunta o rapaz ao se servir.

– Adoro.

– Pois então vou ligar o som. Tenho ótimos CD's de música barroca. Sou admirador incondicional desse estilo que dominava totalmente a Europa até pouco mais da metade do século XVIII.

– O chamado Século das Luzes, com seus filósofos ilustres.

– Isso mesmo! Acho uma fase da história muito bonita. As damas, os cavalheiros, suas roupas elegantes...

– Em compensação, o povo na miséria, sustentando o luxo desenfreado dos grandes senhores.

– Isso é verdade. Muitos abusos foram cometidos nesse período, mas não deixo de me encantar com as descrições da vida na corte. Tenho alguns livros com reproduções de quadros da época, que ilustram muitas cenas da aristocracia dominante, especialmente a francesa. Ah! que época! Quem sabe eu tenha vivido por lá.

– Afonso, quem vive de passado é museu! Bola pra frente, rapaz! O que importa é o hoje e o futuro.

– Tem razão. Só um minuto, vou colocar a música.

Ao som da *Sonata para Flauta e Cravo em Si menor BWV 1030*, do compositor alemão Johann Sebastian Bach, os dois amigos, saboreando o bolo feito por Helena, continuam em animada conversa:

– Você não costuma sair aos finais de semana?

– Raramente, Helena. Algumas vezes ia com o pessoal do antigo trabalho até uma lanchonete, mas costumava mesmo sair muito com minha irmã. Agora, não vejo graça em ir a algum lugar sozinho.

– Se for por falta de companhia eu me candidato.

– Como?!

– É. Se precisar de alguém para sair, coloco-me à sua inteira disposição. Conheço ótimos lugares aqui em São Paulo, agradáveis e sem agitação. Que tal marcarmos para o próximo sábado à noite?

– Quem é que pode negar um convite desses!

– Então está combinado, sábado que vem. Se não for pedir muito, você pode me servir outro pedaço de bolo? Não é por nada, mas hoje eu acertei a mão ao fazê-lo.

– É claro, "senhorita modéstia", dê-me o prato.

Às dezenove horas e cinqüenta minutos da quarta-feira, todos os médiuns já se encontram em preces em torno da mesa do centro espírita, sendo que Helena também está presente. Fernando, então, dá início aos trabalhos.

– Meus irmãos, vamos começar a nossa reunião. Na noite de hoje, em especial, procuraremos ajudar um irmão nosso, freqüentador desta instituição, cujo nome já está sobre a mesa e que também nos auxilia nesse momento com suas vibrações. Sabemos que, durante todo o dia, os benfeitores espirituais já prepararam esse ambiente, afastando daqui as más vibrações que, porventura, podiam estar impregnando o recinto – e demonstrando ser possuidor da faculdade mediúnica da vidência, começa a narrar o que vê, no lado espiritual. – Equipes de Espíritos já se desdobram, isolando o salão com luminosos cordões e fazendo a proteção do ambiente. Intensa luz vinda do Alto cai sobre nós nesse instante. Os que se comunicarão estão sendo separados pelos benfeitores e já posso identificar a presença da entidade que acompanha nosso irmão Afonso. Muitos irmãos sofredores aqui se encontram, mas sabemos que nem todos terão a oportunidade de fazer uso da palavra. Alguns serão auxiliados diretamente pelos trabalhadores do invisível, que aproveitarão nossas energias, enquanto outros aprenderão com a simples observação, escutando as palavras de esclarecimento, sendo contagiados pelas vibrações benfazejas do ambiente. Gostaria de pedir ao nosso companheiro Newton que fizesse a prece inicial. Agradeçamos, meus irmãos, pela oportunidade que nos é oferecida por Deus, quando beneficiando seremos os maiores beneficiados. Roguemos a Ele amparo e proteção para os trabalhos.

Newton, um dos médiuns, faz uma bela oração.

– Vamos nos manter em rogativas constantes, meus irmãos – pede Fernando, logo após o término da prece.

Durante a reunião, três entidades se comunicam através dos médiuns e são socorridas, sendo levadas dali para regiões de refazimento no Plano Espiritual, dispostas a se modificarem.

– Meus irmãos, – fala Fernando – é chegado o momento de ajudarmos o Espírito ligado ao nosso irmão Afonso. A equipe espiritual está fazendo com que ele se aproxime do nosso irmão Newton. Peço a você, Newton, que se concentre e coloque-se ao dispor da espiritualidade. Vamos tentar fazer com que esse Espírito se comunique e isso não só depende da entidade como também de sua boa disposição.

Contagiado pelas vibrações dos encarnados e desencarnados presentes, Louis aproxima-se de Newton e começa a falar agressivamente, envolvido pelos fluidos do médium:

– *Malditos! Por que me tiraram de lá?! Estou cansado de ver meus propósitos atrapalhados! Eu exijo que me deixem ir! Quero voltar para acabar com ele! Ninguém me deterá!*

– Que Jesus esteja contigo, meu irmão – dirige-se Fernando ao Espírito.

– *Não continue com essa conversa. Devo preveni-lo para que pare com isso ou posso zangar-me ainda mais com você! Tenho contas a acertar com Afonso, ou melhor, com Felipe.*

– Meu amigo, nós só estamos tentando ajudá-lo. Se continuar abrigando o ódio no coração, vai sentir-se pior, cada vez mais. Temos que nos acertar com a Misericórdia Divina, que está acima de tudo e de todos.

– *Misericórdia Divina? Isso não existe! Vocês são os únicos culpados pelo fato de me manterem afastado de Felipe! Vocês é que lhe dão tolos conselhos!*

– Mas que, no entanto, têm feito com que ele fique livre de sua influência.

– *Cale-se! Cale-se!*

– Outra coisa, meu irmão: nós, encarnados, somos apenas instrumentos nas mãos dos bons Espíritos. Na verdade, são esses benfeitores que estão ajudando Felipe.

– *Sempre esses maltidos benfeitores! Eu os detesto!*

Todos vocês estão mancomunados. Mas isso não importa, não vão conseguir me tirar do caminho de novo. Felipe vai se matar, vou trazê-lo para junto de mim a fim de que sofra ainda mais e, desta vez, nenhum livro, nenhuma interferência vai salvá-lo! Tenho que continuar com minha vingança que, aliás, já foi interrompida uma vez pelos seus benfeitores quando eu mantinha aquele calhorda sob meu domínio, aqui deste lado! Ah! quanta satisfação tive em vê-lo fugindo de mim, desesperado, sentindo o martírio dos suicidas! Em breve, estarei me satisfazendo novamente!

– Ouça, Louis...

– *Como sabe meu nome?* – pergunta o Espírito, surpreso, analisando Fernando. – *Espere! Eu o conheço! É você, Domênico!* - constata Louis, recordando-se do passado e vendo, em sua mente, Fernando transformar-se no generoso franciscano.

– Sim, meu irmão, sou eu – afirma, sem admiração, mostrando já ser conhecedor do pretérito que os une.

– *Mudou de lado? Abandonou definitivamente a Igreja, frei?*

– Sempre procurei servir a Deus e continuo sendo Seu servo, ainda muito imperfeito, cheio de erros a expiar. E é em nome desse mesmo Deus, meu irmão, que peço a você que reflita sobre seus atos. Você está plantando o que bem entende, mas um dia terá que colher o fruto desse plantio. Louis, aproveite a oportunidade e pare já com suas atitudes infelizes, senão terá muito sofrimento pela frente, mais do que agora.

– *Domênico, por que eu tenho que parar? Acaso Felipe também não semeou o mal? Estou fazendo com que ele colha os amargos frutos da semeadura!*

– Isso cabe a Deus, não a nós. Entreguemos tudo à Justiça Divina.

– *Que justiça é essa, que protege os algozes? Por que devo deixá-lo viver em paz daqui para frente, enquanto experimento terrível dor?! Veja o que ele fez comigo!!!*

– Essa Justiça também o beneficiará. Há dois séculos você se mantém estagnado nessa fixação mental doentia de vingança e ódio. Isso é empecilho para sua caminhada evolutiva. O Cristo recomendou o perdão para o alívio de nossa consciência.

– *Perdão?!*

– Sei que para você parece difícil agora, mas entregando-se nas mãos de Deus, tudo se tornará mais fácil e, com o tempo, já não mais se lembrará do que aconteceu, pois estará preocupado com o seu crescimento como Espírito.

– *Chega, Domênico! O tempo o tornou mais idiota ainda! Quem seria capaz de esquecer uma vil traição? Custoume muito, após o assassinato covarde na estrada, ver Felipe aproximar-se de Cécile, tentando envolvê-la com sua falsidade... Depois acompanhei a morte de minha mulher, sem nada poder fazer... Felipe é um monstro!*

– Não julgue...

– *Daqui a pouco você vai querer que eu diga que o marquês é um santo!*

– Não, Louis. Apenas acho que não devemos julgar, porque talvez você também tenha cometido erros, tenha enganado... Olhe para trás, para um passado ainda mais distante. Volte sua mente, não para a França, mas para a Espanha.

– *Espanha?!*

– Os amigos espirituais vão lhe mostrar tudo. Preste atenção.

Fernando está recebendo, nesse momento, as inspirações dos mentores espirituais que revelam esses fatos com a finalidade de tocarem o coração endurecido de Louis.

O obsessor vê que uma imagem começa a se formar à sua frente, como uma projeção numa tela. Tratam-se das cenas de uma vida anterior à que teve em terras francesas. Os episódios a que assiste têm origem em seu subconsciente:

Na Espanha renascentista, dois irmãos, nobres e orgulhosos senhores, são donos de imensos domínios. Um castelo que remonta à época medieval, cercado de castanheiras, é a residência de Dom Rodrigo e Dom Lorenzo de Alcázar. Não muito distante dali, há um povoado onde jovem padre, com entusiástico ardor religioso, é o pároco de pequena e simples igreja. Amália, uma linda camponesa de dezesseis anos é uma das paroquianas mais dedicadas do padre Diego, ajudando sempre que possível nas tarefas da igreja ou recebendo a palavra fraterna do sacerdote. Ocorre que Dom Rodrigo conhece a jovem Amália e encanta-se, de imediato por ela, o mesmo acontecendo com a camponesa que, levada pelas palavras do nobre espanhol, vê nascer em seu coração profundo sentimento de amor. Sobre esse sentimento nada fala aos pais ou ao sacerdote, guardando-o somente para si, passando a encontrar-se às escondidas com o garboso Rodrigo. Com o passar do tempo, padre Diego começa a tomar a defesa dos camponeses, severamente castigados pelos irmãos Alcázar, pois todos na pequena aldeia trabalham para eles, nos campos. Os campônios sofrem ultrajes quando as colheitas não são satisfatórias ou quando as tarefas não saem de acordo com a intenção dos senhores. Por esse período, Rodrigo conta ao irmão sobre seu envolvimento com Amália, afirmando não passar de uma aventura banal. Infeliz idéia, então, é arquitetada por Lorenzo: para acabar com a influência de padre Diego sobre os trabalhadores, influência que os ameaçava, matariam a jovem camponesa e acusariam o sacerdote odiado pelos dois. O plano é aceito pelo torpe Dom Rodrigo de Alcázar.

Num entardecer, quando Amália aguarda pelo amado num celeiro pouco distante do povoado, é Dom Lorenzo quem aparece. Ao vê-la, sente-se fortemente atraído por sua beleza. A jovem, assustada, tenta fugir pelas campinas, mas é perseguida pelo homem que a alcança, caindo por sobre ela. Sem forças para se livrar, é covardemente violentada e depois, mesmo com os insistentes pedidos da jovem para que a poupasse, clamando por Deus, Lorenzo a estrangula friamente. Meia hora depois, os irmãos aparecem no vilarejo trazendo o corpo de Amália e invadem a igreja, acusando, diante de todos, o padre pelo assassinato, fato que Rodrigo confirma, dizendo que cavalgava pelo lugar quando teve a atenção despertada pelos gritos da moça, mas que ao chegar já era tarde: estava sem vida e Diego fugia.

Não foi difícil para os camponeses acreditarem na história, pois sabiam que Amália sempre estava junto ao padre e nutria por ele grande admiração. Também Diego não tinha sido visto naquela tarde, porém, o sacerdote estava acamado por causa de uma febre que não cedia. Os irmãos Alcázar, a pretexto de justiça, encarceram o padre na masmorra do castelo e, uma semana depois, decidem emparedá-lo vivo.

Louis assiste a tudo, com lágrimas nos olhos. Reconhece-se como Dom Rodrigo, percebendo, também, que Cécile havia sido Amália. Igualmente seu irmão, Dom Lorenzo, havia reencarnado na França como Felipe, marquês de Saint-Michel, e padre Diego retornara como frei Domênico.

– *Agora entendo o porquê do pesadelo de Cécile, quan-*

do dizia estar sendo morta, estrangulada por um homem. Eu consenti sua morte... enganei-a com doces e falsas palavras... Ah! O que eu fiz! Ela me amava de verdade e eu a tinha como mais uma de minhas muitas aventuras! Tudo se encaixa perfeitamente: a minha revolta e a de Felipe contra os clérigos na França, reflexo do ódio que sentíamos por Diego; a paixão de Felipe por Cécile; sua frieza ao me matar... Mas isso não justifica que ele passe impune! Depois de tudo, o marquês ainda foi pior que eu!

– Louis, a Providência Divina está cuidando de tudo. Deus sempre sabe o que faz. Felipe já demonstrou arrependimento antes de reencarnar e na atual existência começará a resgatar o mal praticado.

– *Ah! Cécile! Eu lhe causei mal... Foi por isso que ela se afastou de mim! Ah! minha amada...*

– Não diga isso. Durante todo esse tempo ela tenta aproximar-se, mas você insiste em manter-se envolvido pelas trevas do ódio.

Ao dizer essas palavras, Fernando observa, através da vidência, que um portal começa a se desenhar em nível mais elevado. Dele, luminoso caminho se forma até chegar no salão. Emocionado, vê que, pelo caminho, três entidades envoltas em suave luz aproximam-se: tratam-se de Jean, Catherine e Lívia. Louis também consegue ver o que acontece e não contém a emoção quando a irmã de Afonso assume as feições da bela Cécile Lorrain.

– *Cécile!!!* – exclama o obsessor, dominado pelo choro convulsivo.

A jovem aproxima-se e afaga-lhe carinhosamente os cabelos, iniciando comovente conversa que só é acompanhada por Fernando através de sua mediunidade, pois a antiga dama francesa não se utiliza de um médium para comunicar-se, falando diretamente com o esposo:

– *Louis, há quanto tempo venho esperando por esse momento, meu querido. Como pode supor que tenha me afastado de você? Jamais faria isso.*

– *Você já se deu conta da realidade, não é? Já sabe o que lhe fiz no passado... Enganei-a e permiti sua morte! Você deve me odiar, e com razão...*

– *Todos somos passíveis de erros, ainda estamos longe da perfeição, no entanto, é necessário o esforço de cada dia para não nos deixarmos levar pelas más tendências abrigadas em nós. Não desconheço os acontecimentos dos quais fomos os principais personagens. Devo admitir-lhe que também para mim, depois da desencarnação violenta, foi difícil perdoar, mas em contato com bondosos amigos do Plano Maior compreendi a necessidade do esquecimento das ofensas, que se constitui em verdadeiro bálsamo que alivia, antes de tudo, a nós mesmos. A partir de então assumimos, nós quatro, o compromisso de estarmos juntos novamente, para que pudéssemos avançar no bem, conquistando as imorredouras luzes que são reservadas por Deus a todos. Então reencarnamos na França, para apagarmos as sombras do passado espanhol. No entanto, Felipe, Espírito ainda arredio, sucumbiu e deixou-se arrastar mais uma vez pelas infelizes e destruidoras paixões.*

Louis, comovido com a presença e as palavras de Cécile, cai de joelhos a seus pés, enquanto ela, irradiando luz, continua a esclarecê-lo:

– *O presente uniu-nos de novo, oferecendo-nos outra oportunidade de resgate. Não há mais tempo a perder, Louis. Viemos aqui para buscá-lo. O ódio que vai em seu coração somente nos afastará um do outro. Até mesmo Felipe já se deu conta disso, pois, depois de amargar o sofrimento do suicida no Além, arrependeu-se e, com a ajuda de Catherine e Jean, iniciou nova caminhada de lutas e provações. Deus saberá conduzir os acontecimentos para que tudo gire em torno da reparação do mal cometido.*

– Ah! Cécile, tenho medo de errar novamente...

– Entregue seus medos a Deus, conserve-O no coração e persevere no bem, assim não nos desviaremos do caminho reto. Não se esqueça, também, de que numa nova existência, oportunidade bendita de refazimento que lhe será oferecida, poderá contar com nossa ajuda, inspirando-o e amparando-o nas horas difíceis. Assim eu, Jean e Catherine já o fizemos, impedindo que agravasse sua situação, levando Felipe outra vez ao suicídio.

– Então, foram vocês?!

– Sim, com a permissão do Altíssimo. Acompanhe-nos, Louis. Ninguém que se coloca nas mãos do Criador, nosso refúgio na hora da angústia, estará sozinho.

– Preciso que... me perdoe, Cécile... por favor... – pede o Espírito, tendo as palavras entrecortadas pelos soluços de sentido pranto. *– Suplico-lhe... minha amada... perdoe-me... e... ajude-me... pelo amor de Deus...*

– Já o perdoei, meu querido. Quero-o muito bem, Louis, tenha certeza disso. Vamos embora, agora.

Sem conter as lágrimas, Louis é levado pelos Espíritos. Quando se retiram do lugar, pelo mesmo caminho luminoso que os trouxera, Cécile volta-se sorrindo para Fernando que, extremamente emocionado, agradece a ela, em pensamento, pela bondosa intercessão, tendo a certeza de que o passado comum a todos eles se transformará em venturoso porvir.

Alguns minutos depois, a reunião mediúnica é encerrada com uma prece de agradecimento.

– Este restaurante é bom mesmo, Helena.

– Sabia que ia gostar.

– A comida também é muito boa.

– Fico feliz em ver que você está melhor, Afonso.

– Foi impressionante o que aconteceu comigo na quarta-feira. Fui para o meu quarto e comecei a fazer preces, depois acabei dormindo e, quando acordei, era quase meia-noite, só que, ao abrir os olhos, parecia outra pessoa. Estava leve, tranqüilo e muito bem-disposto.

– A entidade que o perseguia recebeu auxílio, graças a Deus. Ela foi esclarecida com a ajuda de um outro Espírito, Cécile.

– Cécile? Onde já ouvi esse nome antes? Me parece familiar...

– O importante é que tudo está se acertando. Não vamos nos esquecer de pedir pelo ex-obsessor em nossas preces. As boas vibrações o ajudarão.

– Sem dúvida.

– Estou mesmo muito feliz em vê-lo assim.

– Sinto-me ótimo novamente, como há muito não me sentia! Sair com você, hoje, também foi muito bom.

– Afonso, eu me preocupo muito com você...

Nesse momento, o silêncio se faz entre os dois, que já haviam terminado o jantar num agradável restaurante, localizado no coração da metrópole paulista. Após alguns instantes, Afonso, munindo-se de coragem, segura delicadamente as mãos de Helena.

– Helena... – fala, titubeante – há meses já nos... nos tornamos amigos... nos estudos lá no centro e... hã, deixe-me ver como posso falar... é... não poderíamos tentar nos conhecer melhor... é... ah! como é difícil, meu Deus!... Enfim, você aceita ser minha namorada?

Helena começa a rir.

– O que foi? Achou graça no meu pedido?

– Não, no seu jeito!

– Não devia tê-lo feito...

– É claro que devia! Pensei que, da mesma forma que tomei a iniciativa em convidá-lo para sair comigo, teria que tomá-la, também, para pedi-lo em namoro!

– Então, isso quer dizer que...

– Sim, Afonso, eu aceito.

⚜

– Com a maior alegria estarei lá, meus amigos. Que o Senhor abençoe o noivado de vocês.

– Será uma recepção simples, no meu apartamento, somente para os pais e parentes mais próximos de Helena e para alguns amigos.

– A decisão de tornarem-se noivos foi rápida, com apenas quatro meses de namoro! E o casamento? – pergunta Fernando. – Já há uma data prevista?

– Cremos que daqui a um ano.

– Que bom que vocês estão tomando essa decisão apoiados na certeza dos sentimentos que nutrem um pelo outro. Tantas uniões, hoje em dia, acontecem de maneira precipitada, sem o discernimento da atração física e do amor.

– Nós nos amamos, Fernando, de verdade – responde Helena, endereçando doce olhar para Afonso. – Sempre usamos de sinceridade um para com o outro e sabemos que o matrimônio é sério e sagrado compromisso, repleto de alegrias e de lutas santificantes. É a união de dois seres que rumam juntos para um amor maior, o amor de Deus.

– Tenho certeza de que seus pais e sua irmã, Afonso, estão muito felizes com o acontecimento.

– Sei disso, Fernando.

– Vamos indo, meu querido?

– Vamos, sim. Ainda temos que passar na casa de uns tios dela para convidá-los também – explica Afonso.

– Eu também já vou. Apenas preciso guardar alguns livros na estante.

– Até amanhã, então, Fernando.

– Até amanhã, Helena.

– Tchau, meu amigo.

– Tchau, Afonso.

Fernando permanece sozinho no salão do centro espírita. Está arrumando alguns papéis na mesa, quando alguém o chama.

– *Domênico.*

Virando-se para trás, Fernando percebe que sua grande amiga vem, do fundo do salão até onde ele está, envolta em suave luz azul.

– Cécile! Como sua presença enche de contentamento o meu coração!

– *A possibilidade de mantermos contato também alegra-me.*

– Afonso gosta muito de você. Renascendo como irmã dele na atual encarnação, você muito o ajudou.

– *Cumpri com a obrigação de todo aquele que se dispõe a servir, Domênico. Mas muitos outros fatores foram decisivos para a melhoria interior que se realizou e ainda se realiza no antigo marquês: as duras provações infligidas pelo suicídio no século XVIII, as quais foram marcantes e fizeram-no despertar para Deus e Sua Bondade; o sincero arrependimento e a firme decisão em modificar-se, demonstrados na Espiritualidade; a reencarnação num ambiente simples, longe da difícil prova da riqueza onde, freqüentemente, o ser humano deixa-se arrastar pelo orgulho e pela vaidade; a boa educação que recebeu, quando aprendeu a importância da boa conduta moral; a necessidade do trabalho constante para o sustento material... Tudo isso contribuiu para que Afonso, na atual existência, já apresentasse melhora considerável, sendo possuidor de uma personalidade mais branda que a de Felipe, na França. Antes, envolvido pela maldade, agora, ainda traz vícios a serem corrigidos, mas esforça-se na constante luta para a eliminação desses defeitos. Entretanto, Domênico, você também o tem auxiliado muito, desde o dia em que o fizemos passar em frente da fábrica abandonada e deixar o* Evangelho *sobre a calçada.*

– Sempre "esqueci" livros espíritas por aí, para que as pessoas os achassem e entrassem em contato com as verdades da Doutrina Consoladora, mas confesso que a idéia de colocar um papel com o endereço do centro espírita dentro das páginas do livro jamais havia-me passado pela cabeça.

– *Isso foi sugestão de Jean, que juntamente com Catherine me acompanhava naquele dia.*

– Bendita sugestão!

– *Afonso vai se tornar um ótimo colaborador das atividades do centro. Será seu companheiro na recepção de mensagens do Além, através da escrita mediúnica. Graças ao concurso de suas mãos, as psicografias consolarão muitos irmãos que passam por momentos difíceis, sentindo as pungentes saudades dos entes queridos que estão domiciliados no Mais Além. Também colaborará no trabalho de assistência fraterna através da conversa amiga e, através de sua orientação, muitos encarnados propensos ao suicídio serão fortalecidos na fé e conscientizar-se-ão da sobrevivência do ser humano além da morte física, e usarão o trabalho em favor dos outros no esquecimento de si mesmos como poderoso antídoto contra a morte voluntária.*

– Felizmente, ele aprendeu a valorizar a vida e a enriquecê-la de bênçãos. Hoje Afonso, nosso orgulhoso marquês Felipe do passado, consegue ver em cada provação a oportunidade de tornar-se melhor. Inclusive, ele vai se casar com Helena.

– *Sei disso, Domênico. Essa união obedece a planos da Espiritualidade Maior. Helena será o sustento de Afonso na carne, fortalecendo-o nos momentos de fraqueza, quando a luta lhe exigir maiores sacrifícios.*

– E Louis, como está?

– *Reequilibrando-se em regiões espirituais de refazimento e preparando-se para, daqui a alguns anos, retornar às experiências do corpo físico onde começará a melhorar-se, transformando ódio em purificado amor.*

– Que Deus o ajude em sua nova caminhada.

– Certamente Ele vai ajudar, aliás, todos nós teremos oportunidade de auxiliá-lo, inclusive você, e digo isso não só em relação às suas preces...

– Vou chegar a conhecê-lo quando reencarnar?

– Evidentemente. Louis será o primeiro filho de Afonso e Helena. Como pai e filho na atualidade, iniciarão o saldar dos débitos de um para com o outro, na conversão das sombras em luzes que não se apagarão jamais. É a vitória da Providência Divina, Domênico.

– Louvada seja a Sabedoria Divina, por todo o sempre! – exclama Fernando, com lágrimas a lhe escorrer pelas faces.

– Agora devo retornar para junto de Louis, Domênico. Esteja certo de que, havendo permissão do Alto, nos veremos.

– Que Deus a abençoe, minha boa amiga.

– Que o Senhor esteja sempre com você, meu bom frei Domênico.

Fernando termina seus afazeres e, fechando o centro, vai para sua casa, levando no coração a alegria do dever cumprido.

Dali por diante, todos os dias serão portadores de esplêndidas alvoradas para aqueles Espíritos, encarnados e desencarnados. Para trás ficaram os tristes episódios da França do século XVIII e, em benditas terras brasileiras, os ecos da Boa Nova do Cristo se fazem ouvir, como nos tempos do Tiberíades, quando a presença amiga do Mestre erguia os corações para Deus.

OBRA DO MESMO AUTOR:

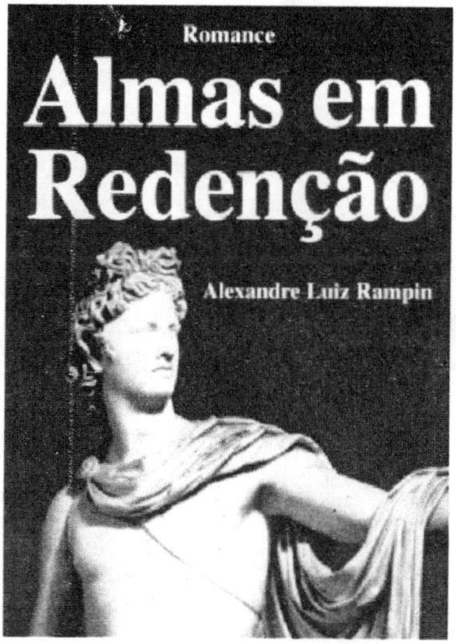

Com elaborado enredo, o livro nos conduz, através de trama bem urdida, a acompanhar a trajetória evolutiva de seus personagens, ressaltando a *Lei de Causa e Efeito.*

Num passado distante, na Roma Imperial, episódios de ódio e traição entre orgulhosos nobres romanos e valorosos cristãos. No presente, provas difíceis significam a oportunidade definitiva de redenção para os mesmos Espíritos que cometeram erros atrozes na época dos Césares.

Abordando temas importantes, tais como: *vida após a morte, relacionamento familiar, influência dos Espíritos em nossas vidas, obsessão, reencarnação e vivência do Evangelho,* esta emocionante estória com um inesperado final, cativará você, amigo leitor, da primeira à última página.